Das Buch

»Ich wollte versuchen, den Tod aus seiner dunklen, von Tabus umgebenen Ecke zu holen, ihn sichtbar zu machen, damit die Menschen ihn in ihr Leben einbeziehen konnten.« Mit diesem Ziel gründete Claudia Marschner ihr »buntes Bestattungsunternehmen«, denn während ihrer Arbeit in einem traditionellen Institut erschreckte sie die unglaubliche Routine: Beerdigungen liefen immer nach dem gleichen Schema ab – genormt und ohne persönliche Note. Doch Claudia Marschner möchte Trauernden einen ganz besonderen Abschied ermöglichen. Einen Abschied, der dem Charakter des Verstorbenen entspricht. So können Kunden den Sarg bemalen, schmücken und den geliebten Menschen ganz nach ihren Vorstellungen beerdigen. Claudia Marschners Motto ist: »Wer kreativ mit dem Tod umgeht, kommt mit der Trauer besser zurecht.«

Die Autorin

Claudia Marschner wurde 1966 in Berlin geboren. Nach Lehr- und Wanderjahren und Erfahrungen in den verschiedensten Berufen arbeitete sie zwei Jahre lang in einem konventionellen Bestattungsinstitut, bis sie sich 1992 in Berlin selbständig machte. Heute ist sie Deutschlands ungewöhnlichste Bestatterin.

Claudia Marschner

Bunte Särge

Eine Event-Bestatterin erzählt

Ullstein

Für Hannelore Marschner
1943–1980

Vielen Dank an Sabine,
Barbara Laugwitz und
an Imke Konopka,
die Königin der Puzzle-Spiele.

Ullstein Taschenbuchverlag
Der Ullstein Taschenbuchverlag ist ein Unternehmen der
Econ Ullstein List Verlag GmbH & Co. KG, München
Originalausgabe
1. Auflage 2002
© 2002 by Econ Ullstein List Verlag GmbH & Co. KG, München
Lektorat: Gertrud Bauer
Umschlaggestaltung: Thomas Jarzina, Köln
Titelabbildung: Thomas Jarzina
Die Abbildungen auf Seite 1 und 3 des Bildteiles stammen
von dem Fotografen Burkhard Peter.
Gesetzt aus der Goudy
Satz: KompetenzCenter, Düsseldorf
Druck und Bindearbeiten: Ebner & Spiegel, Ulm
Printed in Germany
ISBN 3-548-36360-1

Inhalt

Die Krönung meines Lebens

»Sooner will be done ...« Die klaren Stimmen der stattlichen Gospelsängerinnen, die unter meinem überlebensgroßen Porträt mitten in der prächtigen, menschengefüllten Kapelle stehen, scheinen die dicken Mauern der kleinen Kirche in Schwingung zu versetzen. Die durchdringenden, bewegenden Stimmen erfüllen meine Gäste, die von der Musik und dem gleißenden Sonnenlicht so erwärmt und vom Weiß der Wände, der Blumengebinde und der eigenen Kleidung so geblendet sind, dass ihnen Tränen in die Augen steigen. Zu meiner Beerdigung werden viele Menschen kommen, und natürlich werden sie weinen ...

Aber wie sagt mein Freund Jürgen: Wer jung und beliebt bleiben will, muss früh sterben! Denn wenn die Kapelle voll werden soll, muss man schauen, dass man vor seinen Freunden geht. Sonst kann keiner kommen.

Ich sitze in meinem Geschäft zwischen all den fröhlichen Farben meiner Särge und schaue durch das große Schaufenster auf die sonnige Straße in Berlin-Kreuzberg. Denke darüber nach, wie ich beerdigt werden möchte, und finde besonders den Gedanken an eine leere Trauerkapelle grausig. »Stell dir vor, es ist Claudias Beerdigung und keiner geht hin.« Mindestens ebenso beängstigend aber finde ich den Gedanken, zu gehen und für immer vergessen zu sein. Mich erschüttert es gar nicht so sehr, sterben zu müssen, aber die Vorstellung, ich könnte einfach weg zu sein und niemand würde sich an mich erinnern, bedrückt mich.

Ich hoffe sehr, quasi als kleine Belohnung für die schöne Feier, dass die Menschen, die mich bisher nicht gemocht haben, sich auf einmal bekehren und freundlich an mich denken, nur weil ich tot bin. Mir ist der Gedanke grässlich, dass Menschen nur deswegen zu meiner Beerdigung erscheinen könnten, weil sie sich dazu verpflichtet fühlen, obwohl ihnen an mir gar nichts liegt. Ein nettes Blumengebinde würde in solchen Fällen durchaus reichen. Außerdem will ich auch als Tote niemanden langweilen oder von der Arbeit abhalten.

Wenn ich an den Tod denke, denke ich immer sogleich an die Bestattung. Ich wähle für mich einen rabenschwarzen, spiegelblanken Sarg. Elegant aufklappbar, wie man ihn manchmal in amerikanischen Filmen sieht. Innen weich und bequem ausgeschlagen – man kann nie wissen, ob man nicht doch etwas spürt. Für meine »Reise« hätte ich gerne einen stilvollen Hosenanzug von Jil Sander. Einen sündhaft teuren Hosenanzug, den ich mir zu Lebzeiten nie kaufen würde. Diesen Wunsch will ich mir erst am Ende meines Lebens erfüllen, als krönenden Abschluss – das macht mir den Gedanken an den Tod viel erfreulicher. Früher stattete man die Toten schließlich auch mit kostbaren Grabbeigaben aus, damit sie im Jenseits noch eine Freude hatten.

Meine Trauerkapelle muss unbedingt barock und prunkvoll sein, meinetwegen sogar überladen. Die normalen Sargträger dürfen zu Hause bleiben; rechts und links neben meinem Sarg müssen große, attraktive Männer in eleganten Anzügen stehen, die ihn später zum offenen Grab tragen werden. Die Trauergäste, alle in weißer Kleidung, haben Unmengen weißer Blumen mitgebracht, die den Sarg fast unter sich begraben. Weiß ist für mich die Farbe des Lichts und des Abschieds. Die gewichtigen Sängerinnen des Gospelchors haben sich hinter meinem Sarg aufgestellt und erheben nach dem einstimmigen Intro nun gemeinsam ihre Stimmen. Ich kann sie vom Sarg aus sehen.

Dann würde meine Schwester Sabine eine Trauerrede halten – kein Pfarrer und kein fremder Redner. Denn die hätten mich ja nicht gekannt, müssten von ihrem Spickzettel ablesen, damit sie den Namen nicht verwechseln, und dabei so tun, als

8

ginge mein Tod ihnen nahe. Und ich möchte gerne direkt angesprochen werden. Schließlich ist es meine Beerdigung, und die ist für mich ganz einmalig. Alles Wichtige sollte gesagt werden, auch meine nicht so großartigen Seiten dürften erwähnt werden – okay, die vielleicht weniger ausführlich. Sabine könnte das mit ein bisschen Diplomatie und Ironie schon hinkriegen. Dann würden »wir« Champagner trinken. Noch in der Kapelle werden die Gläser gefüllt und alle stoßen zur ausklingenden Musik auf mich an.

Bevor die Träger meinen Sarg in die Erde lassen, müssten Feuerwerkskörper in der Luft aufflammen, wie in einem Grace-Kelly-Film – denn mittlerweile ist es Nacht geworden.

Mamas unselige Bestattung

Vom Tod meiner Mutter erfuhr ich auf dem Heimweg von der Schule. Ich ging über die Turmstraße, und Omas Lieblingstratsche begegnete mir. Ich sagte fröhlich: »Guten Tag.« Sie sah mich vorwurfsvoll an und fragte, ob ich denn noch nichts wüsste. Natürlich wusste ich nichts, wäre ich sonst wohl fröhlich gewesen? Ich lief ihr voll ins Messer. Mitten auf einer lauten, beschissen vollen Straße sagte sie mir ohne jede Schonung, dass meine Mutter tot war. Die Genugtuung darüber, dass sie mir die Nachricht beibringen konnte, war ihr deutlich anzusehen.

Ich stand wie betäubt, und etwas in mir weigerte sich, ihren Worten zu glauben. Ich lief ohne Gruß davon, schreckte aber davor zurück, nach Hause zu gehen. Also hastete ich zu Sabines Firma. Wenn sie wie immer arbeitet, dann ist nichts geschehen, dachte ich. Ich steigerte mich in diesen Gedanken hinein und wurde immer optimistischer. Aber Sabine war nicht an ihrem

Arbeitsplatz, und ihre Kollegen zogen bei meinem Anblick verlegene Mienen. Einer sagte: »Deine Schwester ist schon früher gegangen.«

Ich lief also doch nach Hause, schwankend zwischen Hoffen und Bangen. Wo hätte ich auch sonst hingehen sollen?

In unserer Wohnung war niemand, ein paar Stühle standen unordentlich herum, und auf dem Flurtischchen lag Mutters Schmuck. In meinem Zimmer hing ein Stück rote Wäscheleine an der Leiter zum Hochbett.

Alles war auf erschreckende Weise anders als sonst. Schaudernd lief ich die Treppe hinunter zu Oma Prauß, die im selben Haus wohnte, in der letzten, schwachen Hoffnung, Mutter bei ihr zu finden.

Mein erster Blick fiel auf Sabine. Sie heulte wie eine Verrückte. Eine Nachbarin war da und sogar unser Vater. Da war mir klar...es stimmte. Es musste schon jemand sterben, damit Daddy sich blicken ließ. Er hatte sich nie für uns interessiert; wir kannten ihn kaum. Wollte er jetzt vielleicht anfangen, den Papa zu spielen? Hatte ihn das schlechte Gewissen hergetrieben? Ich wollte jedenfalls nichts mit ihm zu tun haben, und an diesem Tag schon gar nicht. Ich konnte noch nicht richtig trauern um meine Mutter, dafür war der Schock noch zu neu, aber zum Zorn auf meinen Vater reichte es.

Mutter hatte nur eine einzige Zeile hinterlassen: »Ich kann nicht mehr.« Sie hatte niemanden eingeweiht, nie eine Andeutung gemacht, dass sie beschlossen hatte zu sterben. Sie war einfach in mein Zimmer gegangen und hatte sich an der Leiter des Hochbetts erhängt.

Oma hatte sie am späten Vormittag gefunden. Sie rief meine Schwester an, und die traf gerade ein, als man unsere Mutter in einer Zinkwanne über den Hof trug.

Als mein Hochbett gebaut wurde, hatte Oma gescherzt:

»Mensch, so wie die Leiter verankert ist, kann man sich ja dran aufhängen.« Die Erinnerung an diesen Satz verfolgte Oma noch lange.

Die Leute in Omas Wohnung wurden immer mehr und ihr Gerede ging über meinen Kopf hinweg. Ich stand herum und war innerlich weit weg, in einem schalldichten Raum, in den weder Worte noch Gefühle eindrangen.

Plötzlich wurde es mir zu viel; ich ging wieder hinauf in unsere Wohnung und setzte mich an mein Harley-Davidson-Puzzle. Das klingt sicher idiotisch, aber ich wusste sonst nichts mit mir anzufangen.

In der Wohnung roch es nach unserer Mutter; der Duft ihres Lieblingsparfums *Nonchalance* hing noch in allen Räumen. Ihr Bett war noch wie am Morgen aufgeschlagen. Sabine kam mir hinterher und machte uns etwas zu essen. Sie hatte ganz dicke Augen vom Weinen, das werde ich nie vergessen. Wir funktionierten irgendwie weiter und hofften, es würde sich herausstellen, dass alles nur ein Horrorfilm war.

Unser Vater kam uns nach und »tröstete« uns mit dem Satz: »Das Leben muss weitergehen.«

Sabine brach wieder in Tränen aus und schrie: »Ich muss hier raus! In dieser Wohnung kann ich nicht bleiben!«

Sie ertrug es nicht, dass alles von Mutter noch da war, nur eben sie selbst nicht.

Vater mahnte: »Jetzt beruhige dich endlich!« und wollte damit ihre Trauer im Keim ersticken. Er war ein Fremder, der seine Tochter nicht kannte.

Sabine beruhigte sich zum Glück nicht; sie explodierte wie ein Vulkan: »Ich bleibe nicht in dieser Wohnung. Lieber gehe ich in ein Heim.« In ihren Augen sah ich, dass ihr alles egal war.

Und Vater sagte: »Du gehörst eher in eine Nervenklinik als in ein Heim.«

Ich hätte ihn umbringen können. Warum war Mutter gestorben und nicht er?

Sabine empfand offenbar ähnlich. Nie hatte ich erlebt, dass sie wirklich aggressiv wurde, aber an diesem Tag zeigte sie, was in ihr steckte. Sie ging ihm fast an die Kehle, beschimpfte ihn und warf ihn schließlich hinaus. Sie wusste wohl intuitiv, dass solch ein Satz seinem Charakter entsprach und nicht nur im Affekt geäußert worden war.

Als wir allein waren, zündete Sabine eine Kerze an, stellte ein Foto von Mutter auf den Tisch und spielte Mutters Lieblingsplatte von Timi Yuro.

Und ich?

Ich konnte nicht weinen. Ich war wütend und trotzig. Unser Verhältnis war nie sehr gut gewesen. Wir hatten alle drei kein typisches Mutter-Tochter-Verhältnis gehabt.

Aus dem Abstand langer Jahre kann ich die Wahrheit sagen: Ich war im Grunde meines Herzens erleichtert, dass ich meine Ruhe hatte. Mutters Depressionen, ihre Launen. Diese ständige Anspannung, wenn sie da war. Nie wussten wir, wie sie uns behandeln würde. Sie schaffte es immer, uns ein schlechtes Gewissen zu bereiten. Ich fühlte mich nie wirklich wohl bei ihr. Sie besaß eine besondere Form von Grausamkeit, die ganz ohne Schläge auskam, eine Unnahbarkeit, die so abschreckend war wie eine Festungsmauer. Ich hätte nie gewagt, einfach ihre Hand zu nehmen. Ich bewunderte ihre stolze Haltung, ihre Eleganz, ihre Schlagfertigkeit. Aber Sabine und ich bekamen nie die Wärme und Liebe, die wir gebraucht hätten.

Als unser Vater verschwand, war Mama zweiundzwanzig und hatte zwei kleine Kinder. Sie musste arbeiten und wollte uns in eine Kinderkrippe bringen.

»Nur über meine Leiche!«, sagte Oma und holte uns zu sich.

Wir lebten jahrelang bei unserer Oma, ohne recht zu wissen, warum Mutter uns nicht bei sich haben wollte – darüber wurde nicht gesprochen. So kam es, dass Oma unsere wichtigste Bezugsperson wurde, und als Mutter uns schließlich zu sich nahm – damals waren wir zwölf und vierzehn Jahre alt –, war ich gefühlsmäßig hin- und hergerissen. Ich hatte Oma gern, sie war mir vertraut; meine Mutter dagegen war mir fremd, und ich liebte sie nicht. Aber das wagte ich natürlich nicht zu sagen: Man musste seine Mutter schließlich lieben, das war normal und entsprach der gesellschaftlichen Ordnung. Also musste ich Liebe heucheln, und das war mir verhasst.

Am schlimmsten aber war Mamas Freund; Sabine und ich verabscheuten ihn von Herzen. Er war Alkoholiker – wie sich das auf den Familienalltag auswirkt, brauche ich wohl nicht zu schildern. Mama stand im Zweifelsfall immer auf seiner Seite und hielt auch nach außen hin die Fassade aufrecht: Keiner sollte etwas merken. Sie entwickelte ein ausgeprägtes Helfersyndrom und ordnete alles dem Ziel, ihn zu retten, unter. Auch ihre Kinder.

Sabine ertrug alles klaglos, ich rebellierte stumm und wurde bockig. Oft hasste ich mich dafür, dass ich nicht den Mut hatte, Mama den Kaffee ins Gesicht zu schütten oder dem Freund, den ich nicht einmal beim Namen nennen will, eine Vase an den Kopf zu werfen.

Ich zog mich zurück, so weit es ging, und lag die meiste Zeit auf meinem Hochbett und hörte Musik. Wenn ich bestraft wurde und beispielsweise abends nicht fernsehen durfte, blieb ich äußerlich völlig ungerührt und ging mit einem gleichgültigen »Gute Nacht« in mein Zimmer. Ich genoss es, dass ich Mama damit rasend machen konnte.

Mama machte uns vor, wie man der Wahrheit ausweicht, und ich lernte es von ihr. Und ich lernte auch von ihr, wie man Gefühlen ausweicht. Sie wusste wohl recht gut, was sie uns antat, indem sie uns ihre Liebe verweigerte und sie stattdessen an ihren grässlichen Alkoholikerfreund verschwendete. Aber darüber wurde nie geredet. Auch dass Mama depressiv war, wussten nur wir. Nach außen verbarg sie das hinter souveränem Auftreten.

Eines Tages war der Freund fort gewesen und aus unserem Leben verschwunden. Aber das half nicht mehr. Mutter hatte uns bereits verloren.

Die Beerdigung war furchtbar. Oma regelte alles, ohne sich mit uns zu besprechen. Wir wurden nicht einmal gefragt, ob wir Mutter noch einmal sehen wollten, um uns zu verabschieden. Oma entschied sich für eine Feuerbestattung, vermutlich aus Kostengründen. Die Urnenbeisetzung fand erst ein paar Wochen nach Mutters Tod statt. Es war kurz vor Weihnachten, es regnete und die feuchte Kälte drang uns bis auf die Knochen. Ich hatte den Eindruck, dass keiner der Teilnehmer wirklich trauerte, sondern dass sie alle hofften, es werde bald vorbei sein und man käme irgendwo ins Warme.

Mutter hatte eine kupferfarbene Urne mit hässlichen Nelken darauf. Das Orgelspiel war bemüht traurig, und ich musste an Mutters Lieblingslied von Timi Yuro denken. Der Pfarrer rezitierte eine Menge Bibelverse und erwähnte erst nach einer Viertelstunde zum ersten Mal Mutters Namen. Nichts an dieser Zeremonie erinnerte mich an die Persönlichkeit meiner Mutter, nichts passte zu ihr. Es war völlig unpersönlich und unglaublich deprimierend, aber alle betonten hinterher, es sei ein würdiger Abschied gewesen.

Ich hatte nie das Gefühl, es ginge wirklich um den besonderen Menschen, der da gestorben war, und ich brachte es nicht fertig, das Häuflein Asche in dem hässlichen Kupfertopf zu beweinen.

Auch bei dieser Gelegenheit konnte ich mich nicht von meiner Mutter verabschieden.

Tante Renate in ihrem furchtbaren schwarzen Persianer regte sich über Mutters Freundin Marianne auf: »Wie kann man nur in farbiger Kleidung auf eine Beerdigung gehen? Ich muss schon sagen, Hannelore hat immer sehr eigenartige Freundinnen gehabt.«

In den achtziger Jahren war alles außer Schwarz bei einem solchen Anlass sehr gewagt. Wahrscheinlich begriff Tante Renate die Beerdigung als willkommene Gelegenheit, den hässlichen Persianer wieder einmal zu tragen und nebenbei über andere Trauergäste herzuziehen.

Ich stand ganz vorne am Grab, gleich hinter dem Urnenträger in seinem speckigen Anzug und seinen weißen Tennissocken. Er hangelte die Urne in das kleine Loch und sagte dazu: »So Gott will.« Ich wusste nicht, was ich zu tun hatte, und Oma knuffte mich und schob mich in Richtung Sandeimer. Ich schaufelte ein bisschen Sand auf die versenkte Urne.

Sabine und ich verließen den Friedhof völlig benebelt von dieser für uns absurden Veranstaltung. Die anderen stellten das Schnäuzen und Schniefen ein, ließen ihre Taschentücher verschwinden und legten bei der anschließenden Kuchenschlacht auch ihre Trauermienen sehr schnell ab. Ich hatte den Eindruck, von einer Schar Schauspieler umgeben zu sein. Sie spielten ein oft geprobtes Stück, und der Friedhof war die Bühne, auf der sie zeigten, dass sie ihre Rollen routiniert beherrschten. Die ganze Heuchelei stieß mich ab.

Und erst die ganzen banalen Sprüche, die uns trösten sollten! Die einzigen Worte, die mir zu Herzen gingen, kamen von Peter Poppe, einem Freund meiner Mutter. Bei der Begrüßung sagte er zu Sabine und mir: »Wenn es bei einer Beerdigung regnet, dann war es ein guter Mensch, weil der Himmel weint.«

Natürlich wäre ihm auch bei Sonnenschein etwas Passendes eingefallen, aber Sabine und ich hielten uns an diesem Satz fest. Er beruhigte uns und war das einzige Schöne, was wir von Mutters Beerdigung mitnahmen.

Ich lege eine Rüstung an

Niemand hat nach der Bestattung jemals wieder den Tod meiner Mutter erwähnt. Es gab keinen Trost, keine Gespräche.

Oma löste unsere Wohnung auf und besorgte eine kleinere für Sabine und mich. Daddy wurde unser Vormund, und er besuchte uns einmal die Woche, jedenfalls am Anfang. Später machte ihm Oma dann klar, dass sie sich immer um alles gekümmert hatte und das auch weiterhin tun würde. Alles war wieder in Ordnung – einer äußerlichen Ordnung, die das innere Chaos überdeckte.

In der Schule rutschte ich ab, aber mein Stolz bewahrte mich davor, wirklich abzustürzen. Die Leute behandelten uns nämlich wie die Kinder einer Irren oder einer Verbrecherin. Selbstmord wurde in den achtziger Jahren noch gnadenlos verurteilt. Depressionen oder Psychotherapien waren noch kein Thema. Ich hasste es, wenn jemand sagte: »Wie kann eine Mutter nur so etwas machen? Sie hätte doch an die Kinder denken müssen!« Keiner sollte sagen können: »Da sieht man ja, was dabei herauskommt! Wie die Mutter, so die Töchter: allesamt Versager.« Ich wollte unsere Ehre und die unserer Mutter retten.

So, wie die Dinge standen, hatte ich keine Gelegenheit, wirklich zu trauern. Also schlug ich den Gegenkurs ein: Claudia sollte die Härteste von allen werden. Ich fing an, gegen meine Gefühle zu kämpfen, um nie wieder in eine ähnliche Situation zu kommen. Ich legte eine Art Schwur ab, in Zukunft auf jeden Trost und jedes Mitgefühl zu verzichten. Ich hatte das Gefühl, mich mit allen Mitteln schützen zu müssen. Meine Strategie hieß: Sei immer die Schnellere, um den eigenen Tränen und den Messern der anderen zu entkommen.

Den Friedhof und Mutters Grab habe ich nie wieder besucht; Oma mit ihren Ermahnungen ließ ich einfach abblitzen.

Ich wollte mich nie wieder zu etwas zwingen lassen. Eine ungeheure Wut, auch auf meine Mutter, beseelte mich und wurde zu meiner Triebfeder. Ich begann meine Mutter regelrecht dafür zu hassen, dass sie sich so aus dem Staub gemacht hatte. Aber ihr Tod hatte mich mutig gemacht. Der Zorn gab mir Kraft.

In der Schule wurde ich schnell die Anführerin; die Tatsache, dass ich ohne Eltern, nur mit meiner Schwester lebte, verschaffte mir Respekt. Ich machte nicht mal Halt vor größeren Jungen. Gab es Streit, war ich die Erste, die Schellen verteilte. Lehrer konnten mir mit Verweisen oder Ermahnungen nun wirklich keine Angst mehr machen. Ich hatte immer einen coolen Spruch auf Lager und beeindruckte meine Klassenkameraden schwer. Wenn ich mal wieder aus dem Klassenzimmer geschickt wurde, sagte ich Dinge wie: »Hier ist mir die Luft sowieso zu schlecht.«

Meine Munition hielt ich immer schussbereit, und ich fühlte mich gegen Gefahren von allen Seiten gewappnet.

Schnell erkannte ich die Vorzüge meiner Situation. Ich konnte machen, was ich wollte, und musste niemandem Rechenschaft ablegen. Während Freunde und Freundinnen sich mit ihren Eltern stritten oder betteln mussten, um länger ausbleiben zu dürfen, konnte ich selber entscheiden, welche Disco für mich die richtige war, mit wem ich ausging und vor allem wie lange. So ergab es sich fast zwangsläufig, dass meine Freunde mindestens zehn Jahre älter waren als ich – nur so kam ich an den strengen Türstehern der Diskotheken vorbei. Viele von ihnen hatten ähnliche Geschichten, und ich musste ihnen meine Gefühle oder Wutausbrüche nicht erklären. Von ihnen fühlte ich mich verstanden.

Der Kinderkram von Gleichaltrigen, der sich um die strengen Eltern oder die Schule drehte, langweilte mich. Ich schnupperte Abenteuerluft und den Duft der Freiheit. Die

Welt der Erwachsenen lag mir zu Füßen und wollte erobert werden. Alles Verbotene lockte mich – und ich probierte manches aus.

Sabine war ruhig und schweigsam. Sie hatte ihre Trauer tief in sich versteckt. Ich hatte das Gefühl, dass niemand etwas über ihre Gefühle erfahren sollte. Nicht einmal ich. Richtig wütend wurde sie nur, wenn ich morgens um vier einen Freund mit nach Hause brachte, mit ihm Haschisch rauchte und Spaghetti kochte und die Musik auf volle Lautstärke drehte. Allen Erziehungsversuchen begegnete ich mit trotzigem Widerstand. Wenn ich heute daran denke, kommt mir meine Haltung wirklich mehr als pubertär vor.

Die frühe Selbstständigkeit raubte mir einen Teil meiner Kindheit. Ich fühlte mich wie eine Erwachsene, die immer noch vierzehn war. Wie jemand, der zu schnell wächst und nicht mehr in seine Kleider passt.

Als in meinem Freundeskreis härtere Drogen genommen wurden, stieg ich aus. Mich selbst wollte ich nicht zerstören. Meine Freiheit ging mir über alles, und Gifte wie Heroin oder Kokain würden mich zur Gefangenen machen. Ich entschied, dass es klüger wäre zu arbeiten.

Nicht nur die regelmäßigen Discobesuche wollten finanziert werden, sondern auch die Wohnung und alles, was daran hing. Mein Trotz wandelte sich in Ehrgeiz. Ich stürzte mich in die Arbeit und in Nebenjobs. Ich wollte nie wieder um Unterstützung bitten und niemals Hilfe brauchen. Das kam nicht in Frage. Ich lernte Probleme zu erkennen, die sich noch gar nicht stellten, von denen ich aber wusste, dass sie kommen könnten.

Anfangs war ich wütend auf meine Mutter, weil wir für sie anscheinend so wenig wichtig gewesen waren, dass sie uns ohne

Abschied verlassen hatte. Später konnte ich ihr das wenigstens teilweise verzeihen und wurde allmählich richtig stolz auf sie. Sie hatte nicht gejammert, sie hatte sich nicht gequält. Als sie mit dem Leben nicht mehr fertig wurde, machte sie einfach Schluss. Das zeugte von Courage.

So wurde Mutter zu meiner Heldin und meinem Vorbild. Auch ich begann Mauern um mich zu errichten. Keiner sollte meine Gefühle sehen, keiner mich verletzen können. Ich benahm mich, als spielte ich Schach; ich versuchte immer, die Züge des Gegners vorauszuberechnen, um zur Gegenwehr bereit zu sein. Wer meinen weichen Stellen zu nahe kam, bekam sofort ganze Breitseiten ab.

Ich wehrte mich so sehr gegen Gefühle, dass ich nicht einmal unseren geliebten Kater Piefke behalten wollte. Als Sabine nach zwei Jahren mit einem Freund zusammenzog, sagte ich: »Aber Piefke musst du mitnehmen.«

»Das geht nicht«, wehrte Sabine ab. »Gerd hat einen Hund.«

»Mir egal«, beharrte ich. »Ich will ihn nicht mehr haben.«

Ich wurde indirekt zu seiner Mörderin. Sabine liebte Piefke zu sehr, um ihn zu anderen Leuten zu geben, und so ließ sie ihn schließlich einschläfern.

Im Berufsleben kam mir meine Entschlossenheit zugute. Die Kunden – und damit die Chefs – waren zufrieden, meine Gehaltsforderungen wurden bereitwillig erfüllt. Ich war erfolgreich und fühlte mich bestätigt.

Auch im Privatleben war ich immer die Stärkere. Ich lernte meine Partner kennen, aber sie nicht mich. Intuitiv suchte ich mir immer die »Schachspieler« aus, und ich durchschaute sie schnell.

Wenn ich eine Beziehung beenden wollte, tat ich es ohne Abschied, ohne Aussprache, ohne alles. Ich ging einfach.

Wenn mich die Trennung schmerzte, machte ich das allein mit mir aus. Damals war mir nicht klar, dass ich damit einem Muster folgte: Auch meine Mutter war ohne Abschied gegangen.

Die Suche nach einem Lebensziel

Ich weiß den Tag noch gut, an dem ich erkannte, dass ich nicht aus Zufall zu meinem Beruf gekommen war, sondern dass da ein tiefer Zusammenhang mit dem Tod meiner Mutter bestand.

Ich hatte damals das erste »bunte« Bestattungsinstitut in Berlin gegründet und zog die Presse magisch an. Und so kam auch einmal eine junge Journalistin zu mir, die meine Werbeanzeige »jung . offen . frisch« in einem Stadtmagazin gesehen hatte. Sie war sehr professionell und hatte dabei viel weiblichen Instinkt. Sie stellte die richtigen Fragen, und schließlich erzählte ich vom Tod meiner Mutter und von ihrer Beerdigung. Sie lockte es einfach aus mir heraus, und ich vertraute darauf, dass sie meine Geschichte nicht in der Öffentlichkeit ausschlachten würde.

Es wurde ein riesiger Artikel mit einem großen Foto von mir, und ich war mächtig stolz. Die junge Frau hatte genau verstanden, worum es mir ging, welche Ideen ich verwirklichen wollte. Sie beschrieb die außergewöhnlichen Zeremonien und Bestattungen und tat die bunten Särge nicht als schrill ab.

Im Schlusssatz ihres Artikels ging sie auf meine persönlichen Erlebnisse ein: »Frau Marschner weiß, dass man eine Beerdigung nie wiederholen kann, und vielleicht ist die deprimierende Beerdigung ihrer Mutter für sie der Grund, anderen Menschen einen persönlichen Abschied zu ermöglichen.«

Bis dahin war mein Berufsleben vom Zufall bestimmt gewesen. Ich hatte eine Ausbildung zur Bauzeichnerin abgeschlossen, wollte diesen Beruf aber dann nicht ausüben. Der Markt war satt an Architekten und Computern, und die Zukunft erschien mir nicht rosig. Ich trat eine Stelle als Bürokauffrau in einer riesigen Kosmetikfirma an. Dafür fehlte mir zwar die Vorbildung, doch ich ersetzte sie durch Frechheit und Improvisationstalent.

Vor dem Vorstellungsgespräch war ich ziemlich nervös. Aber das hätte ich mir sparen können, denn es stellte sich heraus, dass der Buchhalter und Geschäftsführer der Firma, der mich prüfen sollte, auf der gleichen Schule gewesen war wie ich, und so wurde aus dem Einstellungsgespräch eine lustige Unterhaltung über alte Zeiten.

Jürgen war um die Vierzig, klein und kugelrund, aber er hatte die Schnelligkeit eines Flummis. Mit seinem schon fast weißen Haarkranz wirkte er wie ein Schauspieler oder Regisseur. Er redete gerne und half mir, meine Hemmschwellen abzubauen. Jürgen wurde mein Lehrherr, und es sollte eine schicksalhafte Beziehung für mich bleiben, obwohl wir beide damals nicht ahnen konnten, dass wir uns Jahre später in einem Bestattungsinstitut wiedertreffen würden. Er zeigte mir, wie man eine korrekte, Erbsen zählende Kauffrau wird – und das, obwohl mein Verhältnis zu Geld recht großzügig war und ich immer über meine Verhältnisse gelebt hatte. Der Buchhalter und die Verschwenderin wurden gute Freunde.

Nach zwei Jahren musste die Kosmetikfirma Konkurs anmelden. Der Job war weg, aber meine Freundschaft zu Jürgen blieb. Er verschaffte mir eine neue Arbeit:

»Mein Freund Uwe hat eine Industrielackiererei und sucht jemand für sein Büro. Das wäre doch was für dich. Uwe ist nett, du wirst ihn mögen.«

»Ist gebongt.«

Ich tauchte in eine familiäre Atmosphäre und war froh,

wieder von unkonventionellen Menschen umgeben zu sein. Die angenehmen Gerüche der Kosmetik mit ihren samtigen Lotionen und kühlen Wässerchen ließ ich hinter mir, ebenso die adrette Kleidung. Fortan trug ich derbe Jeans und Arbeitsschutzschuhe. Der einzige Haken an der Sache war: Ich musste zu früh aufstehen. Schichtbeginn war um sechs Uhr! Meine Arbeitsmoral sank schnell, ich verschlief häufig und musste mich an Uwes Armbanduhr vorbeischleichen.

»Die Arbeit läuft uns doch nicht davon, Uwe«, versuchte ich ihn zu überreden. »Wir können geradeso gut um zehn anfangen.«

Aber natürlich stieß ich auf taube Ohren. Bevor sich unser Verhältnis wegen dieser Meinungsverschiedenheit trüben konnte, bot sich mir eine neue Chance und ich verließ die Lackbranche. Aber ich hatte in Uwe einen weiteren wichtigen Freund gewonnen.

Ich war damals vierundzwanzig. Mutter war schon zehn Jahre tot und ich erschrak, wie schnell zehn Jahre vergehen können.

Ich musste über unsere ganze Geschichte nachdenken. Sie holte mich ein, wie eine Welle. Wer da sagt, dass die Zeit Wunden heilt, der irrt – jedenfalls, was mich betrifft.

Immer wieder versuchte ich mir den letzten Tag meiner Mutter vorzustellen. Hatte sie den Entschluss, sich umzubringen, ganz plötzlich gefasst, oder hatte sie schon lang über Zeitpunkt und Methode nachgedacht? Hatte sie geweint, als sie in mein Zimmer ging? Oder noch eine letzte Zigarette geraucht?

Sie hat nur einen einfachen Knoten in die Wäscheleine gemacht. Das Ersticken muss lange gedauert haben. Ob ihre Augen offen waren, als Oma sie fand?

Solche Vorstellungen quälten mich ständig.

Dass es Sabine ähnlich ging, erkannte ich, als sie eines Tages sagte: »Mama war siebenunddreißig, als es passierte, vielleicht passiert mir das auch in dem Alter.«

Mir wurde klar, dass die Geschichte wie eine Art Fluch über uns hing. Als hätten wir etwas Ansteckendes in unserem Blut. Wir trugen sie in uns wie ein Virus, das zu einem unkontrollierten Krankheitsausbruch führen konnte.

Dabei fand ich den Gedanken an Selbstmord auch irgendwie tröstlich und beruhigend. Wenn das Leben unerträglich würde, könnte ich immer noch einfach Schluss machen. Damals hatte ich mehr Angst vor dem Leben als vor dem Tod, aber nicht genug, um wirklich tot sein zu wollen. Ich wollte unsere Geschichte irgendwann aufarbeiten können, wusste aber nicht, wie ich es anstellen sollte. Ich suchte nach dem richtigen Lebensweg, konnte ihn aber nicht erkennen.

Hatte Mutter sich umgebracht, weil sie depressiv war oder weil sie einen verkehrten Weg gegangen war? Hatte der falsche Weg in die Depression geführt oder die Depression den falschen Weg gewiesen?

Die Unternehmen, in denen ich arbeitete, interessierten mich in ihrer Struktur, aber die Inhalte waren austauschbar. Auf keinen Fall wollte ich ein Leben lang Aufträge bearbeiten, Rechnungen schreiben und Statistiken drucken. Was war also der Sinn meines Lebens?

Das Leben kommt mir vor wie eine Art Gesellschaftsspiel. Manchmal muss man drei Felder zurück, dann würfelt man einen Pasch und darf fünf Felder vorwärts. Man ärgert sich, und im nächsten Moment freut man sich wieder. Man geht ins Gefängnis und darf wieder heraus, wenn man eine Sechs gewürfelt hat. Wenn man Pech hat, sind die anderen schadenfroh – und umgekehrt. Aber richtig ernst nimmt man das Ganze nicht.

Ich hatte Angst, zu sterben und nie wirklich gelebt zu haben.

Als Jürgen fast gestorben wäre, musste ich mich zum ersten Mal seit dem Tod meiner Mutter mit dem Gedanken an den Tod eines nahe stehenden Menschen befassen. Er war auf dem Frankfurter Flughafen mit einem Herzinfarkt zusammengebrochen.

Jürgen hatte immer exzessiv gelebt. Er rauchte wie eine Dampflok, trank den ganzen Tag Kaffee und aß nach Lust und Laune. Dann wieder setzte er seinen Körper plötzlich auf Entzug, quälte sich mit Null-Diäten und gab das Rauchen von heute auf morgen auf. Er lebte immer nach dem Prinzip »barfuß oder Lackschuh«. Alles oder nichts.

Ein sehr naher Freund war beinahe gestorben. Was empfand ich dabei? Ich war ohne konkretes Gefühl, und das erschreckte mich. Jürgens Schicksal ließ mich nicht kalt, aber es erreichte mich nicht wirklich. Ich überlegte, wie es wohl sein müsste, dem Tod knapp entronnen zu sein. Ich war fast ein bisschen wütend auf ihn, weil er das Schicksal so herausgefordert hatte. Er hätte wissen müssen, dass er in Gefahr war. Aber er hatte sich mokiert über seine »Hinfälligkeit«. Herzrasen, Schweißausbrüche, Unruhe – er tat, als seien das lächerliche Wehwehchen. Er war im Stande, sich komödiantisch zu brüsten: »Denk mal an, ich hab schon wieder etwas Neues! Mein linker kleiner Finger wird ganz taub.«

So und so oft hatte ich ihn bekniet: »Jürgen, du musst dich untersuchen lassen!«

Aber er wollte um keinen Preis zum Arzt. Er fand immer Ausflüchte und kam mit Sprüchen wie: »Was von selber kommt, geht auch von selber wieder.«

Erst nach Monaten war Jürgen wieder auf den Beinen, und er erzählte jedes Detail seines Herzinfarktes und unter welch mörderischen Schmerzen er zusammengebrochen war. Schauspieler, der er nun einmal war, schilderte er alles so bildhaft, dass mich fast eine Art Phantomschmerz erfasste.

In den ersten Wochen redete er ununterbrochen von seinem Herzinfarkt. Ich erfuhr die Namen aller beteiligten Ärzte und Krankenschwestern und kannte bald jedes Detail aus seiner Zeit auf der Intensivstation und jede Banalität aus der anschließenden Reha-Maßnahme in- und auswendig. Und gerade als ich dachte, er würde im Leben über nichts anderes mehr reden, war auf einmal Schluss damit. Jürgen sprach den Vorfall nie wieder an; es war, als hätte es nie einen Herzinfarkt gegeben. Typisch Jürgen. Ein Orkan hatte sein Leben durchgerüttelt, aber er war der Alte geblieben. Barfuß oder Lackschuh.

Wenn er damals auf dem Flughafen gestorben wäre, wäre wieder ein nahe stehender Mensch ohne Abschied aus meinem Leben verschwunden. Der Gedanke beschäftigte mich noch lange.

Ich glaube daran, dass der Weg eines Menschen einen klaren Verlauf hat, dass jeder Mensch sein Schicksal hat. Und es ist bestimmt kein Zufall, dass Jürgen bald darauf Buchhalter in einem Bestattungsinstitut wurde. Er sollte sich wohl mit dem Tod anfreunden, den er vorher zu sehr ignoriert hatte.

Und er bot mir den Arbeitsplatz in seinem Bestattungsinstitut genau in der Zeit an, als die Bilder aus der Vergangenheit mich zu sehr bedrängten. Mein Problem war nicht der Tod an sich, sondern dass man von einem geliebten Toten meist keinen Abschied nehmen konnte. Der Schock wurde durch nichts gemildert.

Als Sabine sah, wie Mutter von zwei schwarz gekleideten Männern in einer Zinkwanne über den Hof getragen wurde, wusste sie nicht, wohin sie sie bringen würden. Sie wurde in ein schwarzes Auto geladen und weggefahren. Es war, als sollte es auch niemand wissen, wie in einem Sciencefiction-Film: In einer Stadt verschwinden die Toten, und keiner weiß, was mit ihnen geschieht.

Seitdem quälte mich die Frage, was vor sich geht, wenn jemand stirbt. Wann kommt ein Bestatter ins Spiel? Wo bringt er die Toten hin? Wann kommen sie zum Friedhof? Was muss passieren, bis man in einem Kupfertopf auf dem Friedhof steht?

Ich werde Bestatterin

Jürgen und ich hatten uns lange nicht gesehen, und als er mich anrief, freute ich mich riesig. Er brannte darauf, seine Neuigkeit loszuwerden.

»Claudia, was glaubst du, wo ich jetzt arbeite?«

»Lass mich raten – du bist Chefbuchhalter bei Jil Sander und ihre rechte Hand im Kosmetikbereich!«

»Voll daneben. Ich arbeite in einem Bestattungsinstitut. Und das ist auch der Grund, warum ich mich melde. Hier wird eine Stelle frei, und da hab ich gleich an dich gedacht. Wir sind doch ein unschlagbares Team.«

Ich lachte. »Du als Bestatter! Das ist nicht dein Ernst.«

»Na ja, in erster Linie bin ich für Buchhaltung und Steuerangelegenheiten zuständig, aber jetzt soll ich auch Kunden betreuen. Komm doch einmal vorbei. Ich hab beim Chef schon wahre Hymnen auf dich gesungen.«

Ich war so neugierig, dass ich noch am selben Tag hinging. Das war mal etwas ganz anderes, und ich bin für alles Neue zu haben. Außerdem fingen die da bestimmt nicht um sechs Uhr früh an.

Auf dem Weg war ich mit allerhand Gedanken beschäftigt. Konnte ich den Umgang mit Leichen verkraften? Konnte ich mich in einer Atmosphäre von Trauer und Betrübnis wohl fühlen?

Als ich Jürgen sah, schwand meine Beklommenheit dahin. Er befand sich wieder mal in der Lackschuh-Phase, aß, trank und rauchte nach Herzenslust und war heiter wie immer.

»Willkommen in der Unterwelt«, rief er und umarmte mich. »Komm, ich führe dich gleich herum.«

Er trug nicht Schwarz, sondern einen eleganten grauen Anzug. Voll Begeisterung zeigte er mir sein neues Reich; ich kam mir vor wie eine Touristin bei einer Schlossführung. »Und hier, meine Damen und Herren, das Herzstück unserer Firma: der Ausstellungsraum für die Särge. Beachten Sie bitte die vielen geschmackvollen Braun-Nuancen unserer Exponate!«

Da standen sie in allen Schattierungen von Braun, und Jürgen stellte sie mir einzeln vor: Modell Pisa, eine Kuppeltruhe, Modell Ulm in Dunkelbraun, das sich durch einen Wulst auszeichnete, Modell Wiesbaden, hellbraun mit Palmenschnitzerei. Braun war überhaupt die angesagte Farbe in dem ganzen Institut, alles verströmte eine unglaubliche Tristesse.

Wir besuchten seinen Kollegen, Herrn Rolle, im Aufbahrungsraum. Er kleidete dort die Särge mit Stoffbahnen aus und füllte die Kissen mit Watte. An einer Wand stapelten sich rohe Holzsärge. Das waren »Brenner«, die man bei Feuerbestattungen verwendete. Herr Rolle war der Mann in Schwarz, der die Verstorbenen abholte und für die Beerdigung anzog.

»Du brauchst dich nicht mit den Toten abzugeben, du bist nur für die Betreuung der Angehörigen zuständig«, sagte Jürgen. Noch hatte ich nicht zugesagt, aber für ihn stand schon fest, dass wir zusammenarbeiten würden. Er schleppte mich zu seinem Chef.

Der war eine Zierde seines Standes. Schlank, hochgewachsen und silberhaarig, trug er einen eleganten schwarzen Dreiteiler und auf Hochglanz polierte Budapester Schuhe und gab sich ungemein würdig. Noch heute wäre er bei der Wahl zum Bestatter des Jahres ein heißer Favorit.

Ich war unschlüssig. »Das kommt mir zu plötzlich, Jürgen. Ich brauche Bedenkzeit.«

Ich fragte mich, ob ich das Thema Traurigkeit zu meinem Beruf machen wollte. Damals erwartete ich, dass ich immer weinende Angehörige vor mir haben würde und Hunderte von tragischen Geschichten auf meinen Schultern lasten würden. Ich wusste nicht, ob ich das abfangen konnte. Womöglich würde mich die Arbeit depressiv machen?

Ich beschloss, die Sache mit Sabine zu besprechen. Ich machte mich auf ein schwieriges Gespräch gefasst, weil wir dem Thema Tod so lange ängstlich ausgewichen waren. Ich erörterte das Für und Wider und musste mich dabei mehr als gewohnt öffnen. Sabine hörte mit großer Aufmerksamkeit zu, und als ich zum Schluss etwas unsicher fragte: »Was hältst du davon?«, da sagte sie ganz einfach: »Das finde ich gut. Mach es!« Sie verstand intuitiv, worum es ging oder gehen konnte.

Ganz anders reagierten Freunde und Bekannte. Zum Teil fanden sie es völlig unbegreiflich, ja makaber, dass ich mich mit Leichen beschäftigen wollte, zum Teil rissen sie Witze:

»Bestatter! Die brechen doch den Leichen die Goldzähne aus dem Mund!«

»Und gut erhaltene Blumengestecke verwenden sie bei der nächsten Beerdigung noch einmal. Zum vollen Preis natürlich!«

Hahaha.

Positiv reagierte keiner. Und bei mir kam der alte Trotz hoch: Nun gerade! Ich wollte in diesen geheimnisvollen, tabubeladenen Bereich eindringen und die gängigen Schauergeschichten als Gruselfilmelemente entlarven. Wenn ich mit meinen eigenen Ängsten fertig werden wollte, musste ich in die Höhle des Löwen.

Sabine und ich durchforsteten meinen Kleiderschrank auf seriöse Kleidung. Ich tat es Jürgen gleich und setzte auf Dunkelgrau. In meinen Hosenanzügen wirkte ich wie eine Schuldirektorin oder eine Bankiersfrau, und sie ließen mich um wenigstens zehn Jahre älter aussehen. Ich kam mir vor wie Freitag, der sein Leben lang barfuß gelaufen ist und plötzlich gezwungen wird, Schuhe zu tragen.

Nach Jahren gab Madonna wieder einmal ein Konzert, und ich konnte nicht hingehen, weil ich zum Notdienst eingeteilt war und keiner mich vertreten konnte. Natürlich hatte ich im Dienst ein Handy, aber man muss sich einmal vorstellen, wie es wirkt, wenn mich ein geschockter Angehöriger von einem Sterbefall verständigen will, und hört mein Idol singen: *Uuhuu, my Baby's got a secret* ... Und dann müsste ich nachfragen, ob der Totenschein schon ausgestellt wäre, und dabei den Lärm im Konzertsaal überschreien ... Undenkbar.

Dieser Bereitschaftsdienst ist wirklich nervig. Die Anrufe erwischen mich jedes Mal in einem Supermarkt oder auf der lautesten Straße, und ich muss wie ein Hase in den nächsten Hausflur springen, um eine halbwegs ruhige Hintergrundatmosphäre zu vermitteln. Dann läuft die übliche Routine ab: Ich rufe die »schwarzen Männer« der Fahrbereitschaft an und sie holen den Leichnam ab.

Ich merkte bald, dass der berufliche Umgang mit dem Tod wenig Dramatisches an sich hat, und schon gar nichts Mysteriöses. Es gibt keine geheimnisvollen Rituale und kein Pathos, und es gibt nichts zu verbergen. Es herrscht die gleiche nüchterne Sachlichkeit wie in anderen Berufen.

Ein Mensch stirbt in seiner Wohnung, ein Arzt wird gerufen, der den Totenschein nebst Rechnung auf dem Wohnzimmertisch ablegt. Dann erst kommt der Bestatter, hüllt den Leichnam in ein Tuch und bringt ihn in seine Räume, die einer Pathologie ähnlich sind.

Ich kann auch jetzt noch nicht genau sagen, was ich eigentlich erwartet hatte, aber die Banalität erschreckte mich immer wieder. Als ich mich entschieden hatte, mit Jürgen in dem Bestattungsinstitut zu arbeiten, bat ich:

»Bitte, lass mich nicht gleich auf die trauernden Angehörigen los!«

Ich hatte zu große Angst, sie in meiner Unwissenheit zu verletzen oder in einen Fettnapf zu treten. Noch wusste ich ja nicht, was auf mich zukommen würde.

»Bei den ersten Kunden siehst du mir nur zu«, sagte Jürgen. Er stellte mich als seine Kollegin aus einer Filiale in Düsseldorf vor, die sich mit seiner Arbeitsweise vertraut machen sollte. Die Kunden hatten nichts gegen meine Anwesenheit einzuwenden, aber ich fühlte mich dennoch als Störenfried. Wer wollte wohl einen Zuschauer bei einem so schmerzlichen Gespräch! Ich hörte genau zu, wie Jürgen mit ihnen sprach. Er hatte einen mir fremden, samtigen Tonfall und zog seine Augenbrauen voller Mitgefühl hoch. Ich empfand wieder diese Spur von Heuchelei, wie ich sie von der Beerdigung meiner Mutter kannte. Die Rebellin in mir tobte: »Auf keinen Fall spielst du die Trauernde!« Ich hätte das Gefühl gehabt, meine Mutter damit zu verraten.

Heuchelei

Die ersten Hinterbliebenen, die ich dann selbst betreute, waren ein älteres Ehepaar.

»Unsere Mutter ist im Alter von sechsundneunzig Jahren gestorben und hat es nun endlich überstanden.« Überstanden! Was sollte das heißen? War ihr Leben so schrecklich gewesen? Oder bedeutete es: Wir sind recht erleichtert?

»Mutter hat sich eine anonyme Feuerbestattung gewünscht. Wir dachten an den Friedhof Berliner Straße.«

Ich wusste inzwischen, dass man Urnen in einer eigenen Sektion des Friedhofs anonym bestatten lassen konnte. Den Toten deckte dann wirklich nur der Rasen; keine Tafel, kein Stein, kein Blumenschmuck erinnerte an ihn.

Ich saß in dieser dunkelbraunen Atmosphäre meines neuen Arbeitsplatzes, und mein Formular führte mich Punkt für Punkt durch das Gespräch; ich musste lediglich ein paar schöne Worte drumrum machen.

Sie wollten keine Feier. »Mutter hat alle ihre Freunde überlebt. Wir werden wahrscheinlich nur zu dritt sein.«

Irgendwie kam es mir vor, als hätten sie ihren Text gemeinsam einstudiert.

»Möchten Sie die Urne mit einer Blumenkrone schmücken lassen? Was waren denn die Lieblingsblumen Ihrer Mutter?«

»Nein …ach, eigentlich hatte sie keine Lieblingsblumen. Wie teuer wäre das denn?«

Iiiih, dachte ich, ließ mir aber nichts anmerken. Die Frage nach dem Preis klang unecht. Sie hätten doch ehrlich sagen können, dass sie nicht viel Geld ausgeben wollten. Die Rebellin in mir murmelte: »Heuchelei.«

Beide meinten, es wäre schade um die schönen Blumen, da sie nach wenigen Minuten des Weges sowieso unter die Erde kommen würden.

Keine Feier – keine Blumen.

Das ganze Gespräch dauerte keine halbe Stunde. Ich buchte beim Friedhof einen Urnenbeisetzungstermin.

»Ein Friedhofsträger wird mit Ihnen zur Grabstelle gehen. Es wäre gut, wenn Sie eine Viertelstunde früher kämen«, erklärte ich noch.

Das war alles.

Die Frau war fast einhundert Jahre auf dieser Erde gewesen, da hätte es doch was zu sagen oder zu feiern gegeben! Ich hatte mir meinen ersten Fall emotionaler, ja dramatischer vorgestellt. Ich war tatsächlich enttäuscht über so viel Sachlichkeit und beklagte mich bei Jürgen. Jürgen hatte bereits einige Erfahrung in der Branche, und er versicherte mir, dass ich noch ganz andere Sachen erleben würde.

»Oft kloppen sie sich an deinem Tisch schon um das Erbe. Sind eben alles nur Menschen ...« Er hatte schon einige Trauerfeiern und eben auch Nicht-Feiern organisiert.

Jürgen fand es einleuchtend, dass man in so einem Fall auf eine Trauerfeier verzichtete: »Der Pfarrer kann ja schließlich nicht in eine leere Kapelle predigen.«

Aber mir widerstrebte es. Es musste ja nicht unbedingt eine Predigt sein. Es gibt Gebete, es gibt Musik. Selbst wenn nur drei Menschen kamen, konnten sie ein stilles Gedenken abhalten, eine Kerze anzünden, Fotos der Frau aufstellen, auch solche aus jungen Jahren. Sie konnten sich das Geld für die Blumen tatsächlich sparen und stattdessen ein schönes Tuch über die Urne legen.

Ich fand, es glich einer Entsorgung. Auch Mutters Beerdigung hatte einer Entsorgung geglichen, deswegen war ich besonders empfindlich. Die Angehörigen wollten sich einfach keine Umstände machen. Und so brachten wir die alte Frau vom Krankenhaus ins Krematorium, und von dort ging die Urne direkt zum Friedhof. Auf parallelem Wege meldete Herr Rolle sie bei der Polizei ab und besorgte die Sterbeurkunden beim Standesamt, und schon war die Welt wieder in Ordnung.

Ich war froh, dass meine Mutter wenigstens ein eigenes Grab bekommen hat, einen Stein, auf dem ihr Name steht. Das ist mir wichtig, denn wenn man dem Tod eines Menschen keine Bedeutung zumisst, stempelt man auch sein Leben als bedeutungslos ab.

Man nannte den Friedhof einmal die Stadt der Toten. Mir gefällt es, in der Stadt der Toten herumzuwandern und zu sehen, wann sie lebten und wie alt sie wurden. Ich schaue mir oft fremde Gräber an und spekuliere, wie ihre Bewohner wohl ausgesehen haben.

In der Höhle des Löwen

Lange Zeit konnte ich mich nicht überwinden, die Toten, für die ich alles vom Schreibtisch aus organisierte, selbst anzusehen. Fürs Erste quetschte ich nur unseren Herrn Rolle aus: »Wie sieht ein Mensch aus, wenn er tot ist? Was hat sich dann verändert? Was hat es mit der Leichenstarre auf sich, und wie kann man einen Toten ankleiden, wenn der Körper steif ist?«

Herr Rolle gab sich redlich Mühe, mir die Horrorvisionen aus dem Kopf zu treiben, aber der Erfolg war gering. Ich wusste, ich war noch nicht in der Höhle des Löwen; ich stand noch zagend im Vorraum und musste den letzten Schritt wagen, wenn ich meine absurde Angst loswerden wollte.

»Den nächsten Toten möchte ich sehen. Einmal muss es ja sein. Sagen Sie mir dann Bescheid?«

»Beim ersten Mal ist es besser, wenn ich alles vorbereite und Sie erst hole, wenn der Verstorbene im Sarg liegt«, sagte Herr Rolle. Er hatte wohl Angst, ich könnte einen hysterischen Anfall bekommen.

Wie besprochen, betrat ich den Aufbahrungsraum erst, als Herr Rolle mit seiner Arbeit fertig war. Der Raum war kühl, aber nicht kalt. Mir war äußerst unbehaglich zumute; ich hatte ja noch nie einen Toten gesehen, nicht einmal meine Mutter. Tote kannte ich nur aus Gruselfilmen. Da schnellte dann eine Hand aus dem Sarg und zog die Heldin hinein …

Der offene Sarg stand auf einem Podest und Herr Rolle dicht daneben. Ich trat nur zögernd näher und hatte das Gefühl, ich wollte die Tür zu einem verbotenen Zimmer öffnen. Jahrelang hatte ich spekuliert, was sich wohl hinter jener verschlossenen Tür verbarg. Gutes oder Böses?

Gleich würde ich es wissen.

Im Sarg lag ein Mann, der einen schwarzen Anzug mit Krawatte und sogar Schuhe trug. Seine Hände waren auf Bauchhöhe gefaltet, die Fingerkuppen schon ein wenig dunkel gefärbt. Sein Gesicht wirkte maskenhaft und die Hautfarbe irgendwie künstlich. Die Augen waren geschlossen, aber nicht wie bei einem Schlafenden. Es wirkte tatsächlich endgültig. Aus diesem Körper war das Leben gewichen.

Lange schaute ich in sein Gesicht und versuchte mir vorzustellen, dass er plötzlich die Augen öffnete. Irgendwie wartete ich auf etwas, vielleicht auf die Regieanweisung: »Okay, Schnitt! Szene im Kasten, Sie können jetzt rauskommen!«

Nein, es war vorbei. Er würde nie wieder die Augen öffnen, nie wieder seine Finger bewegen. Er würde für alle Zeiten in diesem Sarg liegen.

Irgendwann würde auch ich so daliegen und ein Herr Rolle würde über mir den Deckel verschließen.

»Ja, einmal ist alles vorbei!«, sagte Herr Rolle genau in diesem Moment. Sehr passend.

Ich hielt eine Art Sicherheitsabstand zum Sarg. Vielleicht konnte die Hand doch herausschnellen und nach mir greifen? Beim Hinausgehen ging ich zunächst einige Schritte rückwärts. Ich musste mein unheimliches Gegenüber im Auge behalten. Erst dann konnte ich ihm den Rücken zuwenden und zur Tür gehen. Ich fragte mich, wovor ich mich eigentlich so fürchtete – ein Toter kann einem doch nun wirklich nichts mehr antun. Der Verstorbene selbst war es nicht, der mir Angst machte. Vielleicht der Sensenmann aus Kinderzeiten, der kommt und mich abholen will?

Mir wurde klar, dass mir mein Leben nicht wirklich gehörte. Die Schutzwälle, die ich um mich herum errichtet hatte, stellten für den Tod kein Hindernis dar. Ganz am Ende würde ich meine Rüstung ablegen müssen.

Schade, dass wir uns nicht an die Zeit vor unserer Geburt

erinnern können. Wollten wir unbedingt auf die Erde kommen? Sind wir geschickt worden? Oder ist alles nur ein dummer Zufall? Gibt es einen Gott, der über alles entscheidet?

»Jetzt kann sie tanzen!«

Jahre später, in meinem eigenen Beerdigungsinstitut, rief mich eines Abends eine Frau an. Ihre siebzehnjährige Tochter war zu Hause gestorben.

»Der Arzt ist bereits dagewesen und hat den Totenschein ausgestellt. Aber ich brauche noch Zeit, um von Stefanie Abschied zu nehmen. Kann ich sie noch bis morgen bei mir behalten?«

So kam ich erst am nächsten Tag und lernte Frau Kärlich und ihre Geschichte kennen. Sie zeigte mir Bilder von Stefanie und erzählte von der schweren Krankheit, die sie von Geburt an hatte. Auf allen Bildern saß das Mädchen im Rollstuhl. Mutter und Tochter hatten schon immer gewusst, dass die Zeit, die sie miteinander verbringen würden, begrenzt war. Das Thema Tod und die Angst vor dem Sterben gehörten zu ihrem Alltag.

Frau Kärlich erzählte, dass sie beide oft Witze über den Tod gemacht hätten. »Stell dir vor, wie du dich ärgerst, wenn zu deiner Beerdigung Leute kommen, die du nicht magst«, habe sie einmal gesagt, aber Stefanie habe geantwortet: »Ich sorge von meiner Wolke aus schon dafür, dass sie wegbleiben.«

Die Mutter sprach von den Schwierigkeiten, der Sorge und dem Leid, welche die Behinderung ihrer Tochter mit sich gebracht hatte, aber auch von dem Spaß, den beide in den siebzehn Jahren ihres Lebens gehabt hatten.

»Stefanie hat immer so gelebt, als ob sie so viel Zukunft hätte wie ihre Freunde«, erzählte Frau Kärlich. »Sie hat ein normales Gymnasium besucht und war sogar als Austauschschülerin in Amerika. Sie wollte unbedingt Medizin studieren.«

Und in ihren Träumen war sie eine Ballerina gewesen. Frau Kärlich hatte mich in Stefanies Zimmer geführt, und dort saßen wir nun, um über die Beerdigung zu sprechen. An den Wänden hingen viele Bilder von Tänzerinnen. Auf einer Collage war Stefanies Kopf auf den Körper einer Tänzerin montiert; es wirkte verblüffend echt. Das Gesicht wirkte tatsächlich wie das einer Balletttänzerin, schmal und blass, mit zurückgekämmtem Haar und stolzen, selbstbewussten Augen. Das Zimmer sah aus wie ein Wintergarten, so viele Pflanzen standen darin. Das Bett war frisch bezogen, und auf dem Kopfkissen lagen zwei Teddybären. Das Sonnenlicht brach sich in einem kleinen Kristallobelisk am Fenster und ließ an der Wand einen Regenbogen entstehen.

»Hier hat sie die letzten Monate verbracht«, sagte Frau Kärlich. »Genau an diesem Platz habe ich immer gesessen und mit ihr geredet, gestritten und diskutiert. Deshalb möchte ich auch hier über ihre Beerdigung sprechen. Ich hoffe, es stört Sie nicht.«

Die Mutter war erschöpft von den langen Nächten ohne Schlaf, doch sie erzählte ohne Unterlass von den Begebenheiten aus ihrem gemeinsamen Leben. Sie war voll von Traurigkeit, aber auch erfüllt von ihrer Tochter.

Art und Ablauf der Beerdigung standen für Frau Kärlich fest.

»Der Sarg soll weiß sein; ein paar Freunde wollen ihn bemalen«, sagte sie. Wir verabredeten einen Termin in meinem Geschäft.

Ich legte den Raum mit Folie aus und platzierte den leeren Sarg auf zwei Holzböcke.

Einige Tage später kam die Mutter mit ihren Freunden und

denen der Tochter. Eine Frau hatte ihren vierjährigen Sohn mitgebracht. Ein junger Mann stellte einen Ghettoblaster auf und legte eine Kassette mit klassischer Musik ein.

Er holte Getränke und Gebäck aus seinem Rucksack und gab jedem einen Becher. Noch etwas unsicher sahen sich alle den Sarg genauer an und konnten es nur schwer fassen, dass ihre Freundin dort für immer liegen sollte.

»Ist der Sarg auch wirklich leer?« vergewisserten sie sich fast einstimmig bei mir. Sie hätten wohl sonst das Gefühl gehabt, mit ihrer Arbeit die Totenruhe zu stören.

»Wir haben in einem benachbarten Stadtbezirk spezielle Räume für die Verstorbenen«, beruhigte ich sie. »In meinem Geschäft stehen nur Särge zur Ausstellung.«

Der kleine Junge, Kai, war recht unbeteiligt an dem Geschehen und versuchte Dicki, meinen kleinen Hund, mit einer bunten Feder zu sich zu locken. Der war sofort zum Spiel bereit, und ehe ich ihn zurückrufen konnte, stieß er einen Becher mit roter Farbe um. Alle lachten.

»Dicki will uns wohl zu verstehen geben, dass wir uns ans Werk machen sollen«, sagte ein Mädchen.

Ein junger Mann kam zu mir. »Darf ich mich ein bisschen zu Ihnen setzen?«, fragte er. »Das alles geht mir doch ganz schön nah.«

Ich gab ihm einen Becher Kaffee und eine Zigarette, und er sprach weiter: »Ich hätte nie gedacht, dass ich mal Stefanies Sarg anmalen würde. Ich habe überhaupt noch nie mit dem Tod zu tun gehabt.«

Ich war sicher, dass die besondere Art, wie Stefanie und ihre Mutter mit dem Tod umgingen, die Einstellung dieses jungen Mannes zu Tod und Sterben positiv beeinflussen würde.

Frau Kärlich hatte eine genaue Vorstellung von der Gestaltung des Sarges. An das Fußende zeichnete sie in zarten rosa Tönen eine Ballerina, um sie herum Wolken und Sterne. Der kleine Kai betrachtete die gemalte Tänzerin.

»Jetzt kann sie tanzen«, sagte er.

Alle nickten und stimmten ihm zu.

»Was für ein schöner Gedanke!«, sagte die Mutter bewegt.

Nun hatten auch die anderen begonnen, die beiden Seitenflächen des Sarges mit großen Regenbögen zu bemalen. Es wirkte, als würden sie den Füßen des Sarges entspringen und sich oben in prächtigen Farben entfalten. Die Freunde klebten dicht an dicht bunte Glassteine, Muscheln und Federn auf den Sarg. Sie ließen dabei kleine Quadrate frei, in die sie später ihre Namen schrieben.

Die ganze Zeit über erklang im Hintergrund die Musik, die der junge Mann aufgelegt hatte. Die Freunde erzählten sich von ihren persönlichen Erlebnissen mit dem Mädchen, sie scheuten sich nicht zu weinen oder zu lachen. Manchmal machte einer eine Pause, setzte sich auf den Boden, rauchte eine Zigarette oder nahm sich etwas zu trinken und beobachtete die anderen bei ihrer Arbeit. Schon vor der eigentlichen Trauerfeier auf dem Friedhof nahmen sie Abschied, und es war zu spüren, dass sie von Stunde zu Stunde ruhiger und gelöster wurden. Nach einem halben Tag war ihr Werk vollbracht, und alle freuten sich über dieses letzte Geschenk.

Wir unterhielten uns noch eine Weile, aßen und tranken, redeten über den Tod, das Leben und meinen Beruf.

Viele hatten Fotos aus gemeinsamen Zeiten dabei und erzählten sich und mir die dazugehörigen Geschichten.

Neugierig fragte der kleine Kai: »Und wo bin ich auf den Fotos?«

»Du bist damals noch nicht auf der Welt gewesen«, antwortete ihm seine Mutter.

Der Kleine hakte nach: »Bin ich bei dir im Bauch gewesen?«

»Nein«, sagte seine Mutter. »Du warst damals noch gar nicht geplant.«

Kai bemühte sich sichtlich, das zu verstehen. Dann fragte er: »Warst du traurig, als ich noch tot war?«

»Ja«, sagte die Mutter und umarmte ihn. »Und ich war froh, wie du endlich angekommen bist.«

Wir lachten gerührt. Was für ein weises Kind!

Die Beerdigung der »Ballerina« fand eine Woche später auf einem sehr alten und romantischen Friedhof statt. Der Mutter gefiel es, dass sie dort das Grab eines Dichters entdeckt hatte. Sie fand, dass er ein guter Nachbar für ihre Tochter sei.

Der Sarg stand in seiner vollen Pracht inmitten der Kapelle, und alle waren begeistert von der wundervollen Bemalung. Sie umgaben den Sarg mit unzähligen Teelichtern und stellten ein schönes Porträt von Stefanie daneben.

Als alle Gäste zur Zeremonie gebeten wurden, erkannte ich die klassische Musik wieder, die ich am Tag der Sargbemalung gehört hatte.

Die Mutter hielt die Ansprache selbst und las noch ein Gedicht vor. Danach spielte ein Freund auf der Gitarre und alle hörten ihm still zu – man konnte erkennen, dass sie ihren Erinnerungen nachhingen. Zum Schluss verlas die Mutter einen Abschiedsbrief, in dem sie alles zur Sprache brachte, was sie für Stefanie wünschte und hoffte.

Als sich die Türen öffneten und die Friedhofsträger an den Sarg traten, erhoben sich alle Gäste. Ein klassisches Geigenstück erklang und der Sarg wurde langsam aus der Kapelle getragen. Erst dort sah ich viele der jungen Leute weinen; es war wohl das Gefühl, nun endgültig Abschied nehmen zu müssen. Manche berührten noch einmal den Sarg, als wollten sie Stefanie über die Wange streicheln. Dann reihten sich alle hinter der Mutter ein und begleiteten sie zum Grab.

Die Geige in dem Ausgangsstück ging mir unter die Haut und bewegte mich. Ich hatte zum ersten Mal in meinem Leben das Gefühl, das Richtige zu tun. Eine mir wichtige Arbeit zu haben. Ich konnte mithelfen, einen Menschen angemessen zu verabschieden.

Mir wurde erst auf dem Friedhof klar, dass den Angehörigen die wichtigsten Etappen des Abschieds nicht verwehrt werden dürfen. Diese Mutter hatte, wie sie es wollte, ihr totes Kind noch einen Tag bei sich zu Hause haben können. Auch die Gestaltung des Sarges, mit den Freunden zusammen, war eine Abschiedszeremonie, die allen Beteiligten bei der Trauerarbeit half.

Rituale sind wichtig, um zu erkennen, dass man »nur« den Körper beerdigt. Ein schönes Ritual sollte klar machen, dass der Geist, die Seele oder die Energie eines Menschen aus dem Körper geht. Dafür braucht es Zeit. Es löst sich etwas aus dem Körper und das heißt, es entsteht etwas Neues, Ungewohntes, auch zunächst Unsichtbares. Man braucht Zeit, um diese Verwandlung zu begreifen.

Routine

Zwei Jahre arbeitete ich mit Jürgen zusammen als Bestatterin und war sozusagen Lehrling in einem Beruf, in dem es weitaus mehr zu lernen gab als die Abwicklung der nötigen Formalitäten.

Aber dann gab es keine Herausforderungen mehr für mich. Die bürokratische Abwicklung ist genau geregelt: Der Leichenschauschein vom Arzt wird bei der Meldebehörde vorgelegt und der Verstorbene wird in seinem Wohnort offiziell abgemeldet. Dann wird der Leichenschauschein zusammen mit den Bestattungspapieren der Polizei zum Standesamt gebracht; dort wird der Bestattungsschein komplettiert und die Sterbeurkunden werden ausgefüllt.

Wie sagte Oma so richtig: »Formulare, Formulare, von der Wiege bis zur Bahre.« Der Bestatter ist keine Amtsperson, sondern nur Kaufmann, und eigentlich könnte jeder Mensch diese Behördengänge selbst erledigen, so wie man auch sein neu geborenes Kind selbst anmeldet.

Ich merkte sehr bald, dass mir die Organisation der Bestattungen zur Routine wurde. Ich war gebunden an den Verkauf der braunen Särge aus dem Ausstellungsraum und der katalogisierten Blumengebinde für Särge und Urnen, die sich in ihrer Form nie unterschieden. Die Blumen auf Särgen waren immer in Form eines Daches arrangiert, und die Blumenkronen auf den Urnen erinnerten mich an den berühmten Kosakenzipfel bei Loriot. Das Firmenformular ließ mir wenig Handlungsspielraum. Alles wurde nach dem gleichen Schema abgefragt. Wollen Sie eine Erd- oder eine Feuerbestattung? Auf welchem Friedhof soll die Beerdigung stattfinden? Soll ein Redner oder ein Pfarrer die Zeremonie führen? Welche Musik soll die Orgel spielen? Wählen Sie bitte jetzt die Blumen aus unserem Katalog, und wenn Freunde zu benachrichtigen sind, haben wir einen Katalog mit Mustern von Trauerkarten zur Auswahl: Dürers *Betende Hände* – ein schwarzes Kreuz – die abgeknickte Rose, als Zeichen von Trauer. Der Sarg und die Trauerwäsche wurden in den Ausstellungsräumen ausgesucht.

Die Termine auf den Friedhöfen wurden telefonisch festgelegt und den Hinterbliebenen gleich mitgeteilt. Der Florist, der Organist, der Drucker und der Pfarrer oder Redner bekamen von uns Termin und spezielle Wünsche telefonisch übermittelt, und Herr Rolle erhielt eine interne Karte mit allen nötigen Informationen. Die Akte wurde für Rückfragen oder Kontrollen bis zur Beerdigung überwacht und dann geschlossen.

Ich muss zugeben, dass es mich nach einiger Zeit auch ärgerte, immer Menschen zu treffen, die über Bestattungen nichts wussten. Ich fand es bezeichnend, dass fast alle Hinterbliebenen sagten: »Es kam alles so unvorbereitet für uns.«

Ich wunderte mich, warum sich niemand aus purer Neugierde bei einem Bestatter informiert. Ich halte es für sinnvoll, über das Thema zu reden, wenn der Trauerfall noch nicht eingetreten ist.

In den ganzen zehn Jahren meiner Bestatterkarriere gab es nur einen einzigen Menschen, der in mein Geschäft kam, um sich vorzubereiten.

Es kristallisierte sich immer mehr heraus, dass mein eigentliches Thema ABSCHIED hieß. Ich machte mir mehr Gedanken über die am Leben Gebliebenen als über die Toten.

Über das Jenseits konnte ich nur spekulieren, aber mir war intuitiv immer klar, dass es ein wunderbarer Ort sein musste.

Das Erscheinungsbild der Bestattungsfirmen kam mir zu düster vor; kein Mensch fühlte sich eingeladen, sich dort an einem sonnigen Nachmittag über den Tod zu unterhalten. Ich saß in meinem grauen Anzug in dem braunen Institut und fühlte mich tatsächlich vom Leben abgeschnitten.

Ich wollte eine eigene Bestattungsfirma eröffnen und alles Schwarze und Braune, alles Düstere verbannen. Schließlich gibt es in Arztpraxen auch keine schwarzen Kittel und keine Kruzifixe an der Wand, obwohl dort tödliche Krankheiten diagnostiziert werden.

Ich will alles anders machen

Ich selbst fühlte mich unwohl in dem dunklen Ambiente, und mir war schnell klar, dass ich dort nicht ein Leben lang arbeiten wollte. Die Farbe Schwarz war bei uns seit jeher die Farbe des Todes und der Trauer; sie hat daher etwas Abschreckendes und flößt Angst ein.

Der Besuch in einem Bestattungsinstitut sollte meiner Meinung nach nicht für zusätzliche Depressionsschübe sorgen. Es müsste ein Ort sein, an dem die Menschen aufgebaut, bestärkt oder beruhigt werden

Ich finde auch, dass kirchliche Symbole in Bestattungsinstituten fehl am Platz sind. Der Besucher kommt sich sonst vor wie in einer Kirche und traut sich kaum zu reden. Religion und Geschäft sollten nicht vermischt werden. So ein Institut ist kein heiliger Ort, und der Bestatter ist nicht Gott, sondern Kaufmann und Dienstleister, keine Respektsperson, sondern ein Geschäftspartner.

Mir fiel auf, dass sich Kunden nie wirklich offen über Geld und Preise unterhalten wollten oder konnten. Sie hatten Angst, man könnte den Eindruck haben, sie hätten den Verstorbenen nicht genug geliebt und wollten an ihm sparen.

Mir war klar: Die Barriere zwischen Kunde und Bestatter musste niedergerissen werden, dem Kunden musste die Scheu genommen werden, die ganze Thematik von Tod und Begräbnis musste entmystifiziert werden.

Das wollte ich zu meiner Aufgabe machen.

Es war ganz klar, dass kein Kunde von sich aus mit ausgefallenen Ideen kommen würde. Die originellen Vorschläge mussten von mir kommen; ich musste mit meinem eigenen, bunten Konzept die Leute aufrütteln. Ich wollte versuchen, den Tod aus seiner dunklen, von Tabus umgebenen Ecke zu holen, ihn sichtbar zu machen, damit die Menschen ihn in ihr Leben einbeziehen konnten. Durch den Gedanken an den Tod lernt man, die Prioritäten im Leben richtig zu setzen. Schließlich hatte auch ich durch den Tod meiner Mutter gelernt, was wichtig war und was nicht.

Meine Freiheit und mein Leben waren damals auf der Prioritätenliste ganz nach oben gerückt, Geld dagegen hatte seine Bedeutung verloren. Kein Lottogewinn, keine Südseereise und kein Porsche hätte mich damals glücklich machen können.

Zu den Tabus, die den Tod umgeben, gehört auch, dass man Beerdigungen immer gleich ausrichtet, genormt und ohne persönliche Note. Ein Außenstehender würde nicht erkennen, ob da ein Dreißig- oder ein Neunzigjähriger bestattet wurde, ein Unfalltoter oder ein Krebsopfer, eine Verzweifelte, die sich vor die U-Bahn geworfen hatte, oder ein friedlich an Altersschwäche Gestorbener. Und vor allem würde er nicht erkennen, ob der Tote geliebt hatte, und geliebt worden war, oder ob vielleicht so mancher keinen Grund hatte, seinen Tod zu beklagen. Zu solchen Gefühlen würde sich niemand bekennen, aber ich selbst hatte meinem Vater schon einmal von Herzen den Tod gewünscht und wusste Bescheid. Ich war da garantiert nicht die Einzige; soll nur ja niemand glauben, dass es nur Liebe gibt auf der Welt.

Die Beerdigung meiner Mutter war ein Triumph der Heuchelei gewesen. Ihr Selbstmord hatte natürlich Aufsehen erregt und wurde innerhalb der Familie wohl auch fast als Skandal empfunden. Deshalb wurde die ganze Geschichte möglichst geräuschlos unter den Teppich gekehrt, und man ließ meine Mutter mit ihrem ganzen Leben, ihrer Liebe und ihrer Verzweiflung, ihren Träumen und Hoffnungen, ihrem Witz, ihrem Charme und Humor und mit ihrem düsteren Ende sang- und klanglos unter dem Rasen verschwinden. Die Fassade war wiederhergestellt; es war, als hätte es sie nie gegeben.

Mit dieser ganzen Heuchelei rund um den Tod wollte ich ein Ende machen. Als Erstes musste ich selbst mit der Verstellung aufhören, meinen tristen grauen Anzug, in dem ich mich nie wohl gefühlt hatte, auszuziehen und diesen Ort der Trübsal verlassen.

Trauer und Freude

Ich war fest entschlossen, mein eigenes Bestattungsinstitut zu eröffnen, und da es keine konkreten Vorbilder gab, musste ich alles selbst erfinden.

Wie farbig durfte es sein? Welche Kleidung konnte ich tragen? Waren Jeans und T-Shirts pietätlos?

Wie ausgefallen durfte die Gestaltung eines Sarges sein?

Durfte ich meine Haare weißblond färben und igelkurz schneiden?

Oder würde das den Tod eines Menschen und die Trauer der Angehörigen irgendwie entwerten?

Musste ich wirklich eine Leichenbittermiene ziehen, wenn Angehörige in mein Bestattungsinstitut kamen und einen Trauerfall mit mir besprachen? Oder durfte ich sie mit einem freundlichen Lachen begrüßen und ihnen auch sagen, dass es mich freute, sie kennen zu lernen?

All diese Fragen kurvten durch meinen Kopf und ich kam mir vor, als liefe ich auf einem Drahtseil. Ich musste die Balance zwischen Freude und Trauer finden, um über das Seil zu kommen.

Die Heiterkeit musste sich in Grenzen halten, weil ein Todesfall schließlich keine Sitcom ist. Auch mein Mitgefühl musste sich in Grenzen halten, weil ich den Leuten nichts vorheucheln wollte. Und die bunten Särge sollten nicht wie Gags wirken.

Ich beschloss, den Drahtseilakt zu wagen und zu meinen eigenen Überzeugungen zu stehen.

Ich wollte erreichen, dass die Menschen in einem Sterbefall nicht nur das Unglück, sondern auch das Glück sehen konnten. Dass sie den Tod eines Menschen auch als Lehre begriffen und als Chance für sich selbst, in eine neue und veränderte Zukunft zu gehen.

Natürlich zuckt jeder zuerst zusammen, wenn er so etwas

hört. Wo soll es Glück geben, wenn ein geliebter Mensch stirbt? Wo ist da noch Platz für Hoffnung?

Diese Hoffnungslosigkeit ist es, die mich zu meinem bunten Bestattungsinstitut gebracht hat. Und ich versuche seitdem, diese Hoffnungslosigkeit in Hoffnung zu verwandeln.

Der Tod meiner eigenen Mutter brachte mich darauf, dass man über dem Unglück das Glück nicht vergessen darf. Jahrelang war das Leben in unserer Familie von hoffnungslosen Sätzen geprägt, Sätzen wie: »Warum trifft uns das Unglück?«, »Warum musste sie uns das antun?« oder »Wie werden wir nur damit fertig?«

Mir wurden seit Kindestagen Selbstmitleid, Kummer und Hoffnungslosigkeit gepredigt und antrainiert. Glück war nicht erlaubt.

Wir sahen keinen anderen Weg, als eben nicht mehr über Mama zu reden. Wir schwiegen sie tot.

Erst viele Jahre später sah ich das Glück. Es muss schon lange Zeit hinter mir hergelaufen sein, und als es der ewigen Verfolgung müde war, fiel es mir einfach auf den Kopf. So ungefähr stelle ich mir den Hergang vor, denn in meinem Hirn ereignete sich gewissermaßen eine Explosion, und urplötzlich war mir klar: Ich hatte meine Mutter unaufhörlich sterben lassen, anstatt sie aufleben zu lassen, wo immer sie auch war.

Genau von diesem Zeitpunkt an wandelte sich mein Kummer in Freude und Trauer in Heiterkeit. Ich war mir sicher, dass es auch anderen Menschen schon so gegangen war oder so gehen konnte.

Die Farbe Schwarz signalisiert keine Hoffnung, und ich wollte und musste die Trauer der Menschen nicht noch verstärken. Ich wollte auf keinen Fall ein schwarzes Mahnmal sein, das die Menschen zur Hoffnungslosigkeit anhielt.

Ich wollte meinen Glauben an ein schönes, buntes Jenseits sichtbar machen.

Wie heißt es so schön in den standardisierten schwarzweißen Trauerkarten: »Tot ist nur, wer vergessen ist.« Dieser Satz wird gern verwendet, aber man lebt nicht danach. Man schweigt über die Toten, weil man nicht gern in Wunden wühlt. Weder bei sich selbst noch bei anderen. Ich glaube fest daran, dass die Wunden nur heilen können, wenn man über alles reden darf, was einen nun mal bewegt, und dass die Trauer erst dann schwinden kann.

Ich wusste natürlich auch, dass eine bunte Bestattung Gefühle wie Trauer oder Kummer nicht schmälert, dafür ist der Tod viel zu mächtig und gewaltig.

Der Seiltanz ist eine passende Metapher für das Leben und für den Tod. Wenn Heiterkeit und Trauer, Lachen und Weinen nicht gerecht ausgelebt und ins Gleichgewicht gebracht werden, fällt man vom Seil und zerbricht buchstäblich.

Ich möchte das gerne an einem Beispiel näher erklären:

Stellen sie sich ganz fest einen sehr geliebten Menschen vor. Er stirbt, und Sie finden sich schwarz gekleidet in einer recht dunklen Trauerkapelle wieder. Vor Ihnen steht ein dunkelbraun furnierter Sarg, der mit Herbstastern geschmückt ist.

Zwei Kerzenleuchter stehen rechts und links daneben, vielleicht auch noch zwei Lebensbäumchen. Die Orgel spielt zum Eingang, und ein gekaufter Redner erzählt aus dem Leben ihres liebsten Menschen. Die Orgel spielt wieder zum Ausgang, und Sie folgen dem Sarg bis zur Grabstelle. Eine kurze Weile verharren Sie noch und werfen eine rote Rose in die Grube. Dann verlassen Sie den Friedhof.

Und nun stellen Sie sich noch einmal den Tod eines geliebten Menschen vor, aber diesmal ein anderes Bild dazu:

Überlegen Sie eine Weile, welche Musik er gerne gehört hat, und wenn Sie in Gedanken die Trauerkapelle betreten, ertönt genau jene Musik. Waren es die Beatles, Chopin oder Nina Hagen? Neben dem Sarg sind vergrößerte Fotos Ihres verstorbenen Freundes aufgestellt. Im Urlaub an einem Strand? Frech lachend auf einem Motorrad? Oder einfach nur faul auf seinem alten Lieblingssessel?

Sie tragen bequeme Kleidung. Eine Jeans? Das rote Lieblingskostüm? Einen khakifarbenen Trenchcoat? Vielleicht haben Sie auch Turnschuhe an, weil Ihr Freund Sie am liebsten in Turnschuhen sah?

Welche Farbe mochte Ihr Freund? In genau jener Farbe steht der Sarg vor Ihnen in der Kapelle. War es Orange? Blau? Oder waren es die Farben seines Fußballvereins? Ist ein Surfbrett daraufgemalt, weil Ihr Freund begeisterter Surfer war? Oder wilde Tiere, weil er sich für den Erhalt des Regenwalds engagierte?

Langsam neigt sich die Musik dem Ende zu – hören Sie noch einmal genau, welches Stück es war. Ein Freund erhebt sich, tritt ans Rednerpult und erzählt von gemeinsamen Abenteuern beim Surfen, Radfahren oder Bergsteigen.

Sie haben ihm einen Brief gegeben, den er stellvertretend verlesen soll.

Vielleicht erheben Sie sich auch selbst von Ihrem Platz, treten ans Rednerpult und verlesen Ihren Abschiedsbrief?

In diesem Brief sprechen Sie Ihren verstorbenen Freund an. Sie erzählen aus seinem Leben – erzählen, worüber er am meisten lachen konnte und was ihn unglaublich wütend machte.

Sie erzählen von Ihren eigenen Gefühlen für ihn. Was Sie an ihm geliebt haben und worüber Sie sich immer gestritten haben.

Vielleicht sagen Sie etwas über Ihre erste Begegnung und was Sie sofort an ihm mochten.

Sie erzählen von Ihrem Kummer und von Ihrer Trauer. Vielleicht sind Sie auch wütend und sagen, was nicht mehr gesagt werden konnte?

Vielleicht füllen sich trotz der Anspannung Ihre Augen mit Tränen, und Sie erzählen einfach, was Ihnen besonders zu Herzen geht. Vielleicht bitten Sie Ihren toten Freund, noch ein wenig zu bleiben, bis der Kummer vorübergegangen ist.

Jetzt stellen Sie sich genau vor, was Sie Ihrem Freund auf seinem Weg wünschen.

Ist es vielleicht »Viel Glück«? Wünschen Sie sich und den anderen Trauergästen vielleicht auch Glück?

Sie nehmen wieder Ihren Platz ein, und wieder ertönt ein bekanntes und vertrautes Musikstück. Der *Bolero* von Ravel? Die Titelmusik von *Rain Man*? Oder ist es *Dust in the Wind*?

Neben dem Sarg sind zwei große Vasen mit langstieligen Rosen aufgestellt, und während der Musik geht jeder Gast nach vorne zum Sarg und nimmt sich eine Rose aus der Vase. Ein symbolisches Geschenk. Jeder soll etwas von dem Toten mit nach Hause nehmen.

Gedankenversunken sitzen Sie da und schauen zum Sarg hin, der von vielen Windlichtern umgeben und mit Blumen geschmückt ist. Die Musik wird leiser.

Ein weiterer Freund erhebt sich und geht zum Rednerpult. Er glaubt vielleicht nicht stehen zu können, und so nimmt er sich einfach einen Stuhl mit nach vorne und setzt sich neben den Toten. Er möchte sprechen, aber die Stimme versagt ihm und er bricht in Tränen aus. Seine Freundin kommt zu ihm und umarmt ihn. Er kann sich wieder fassen und erzählt. Stellen Sie sich genau vor, worüber er sprechen wird. Über eine Motorradpanne in Italien? Über die Hilfsbereitschaft des Freundes in jeder Lebenslage? Über sein ungestümes Wesen, seine Streitigkeiten mit dem Chef?

Über seinen Traum, nach Australien auszuwandern?

Vielleicht müssen Sie nun lachen, weil Sie diese Anekdoten genau kennen?

Ihre Tränen strömen nur so, aber diese Geschichten trösten Sie ein wenig und locken Ihnen jenes Lachen hervor.

Ein drittes Musikstück wird angestimmt. Welches? *Who wants to live forever* von der Gruppe Queen? *My way* von Frank

Sinatra oder vielleicht *When I saw you in heaven* von Eric Clapton? Hören Sie genau in sich hinein.

Die Türen werden geöffnet, aber es kommen keine Friedhofsträger, denn sechs der stärksten Freunde haben beschlossen, den Sarg selbst zum Grab zu tragen, weil es das Letzte ist, was sie für ihren Freund tun können. Erst am Grab übernehmen die Friedhofsträger den Sarg und senken ihn in die Grube.

Sie haben einen Talisman für Ihren Freund dabei. Eine bunte Muschel aus Italien? Die Halskette, die er an Ihnen immer so gern mochte? Oder einen ganz persönlichen Brief, der nur für ihn bestimmt ist?

Sie gehen ans Grab und werfen diesen Talisman hinein, im festen Glauben, dass er Glück bringen wird. Vielleicht ist es ja auch ein Kuscheltier, damit Ihr Freund nicht so allein sein muss?

Welche der beiden Versionen führt dazu, dass Sie Ihre Trauer wirklich ausleben können?

Die zweite lässt auf dem Sarg, in den Fotos, in der Musik und in den Reden den Toten noch einmal aufleben; sein Leben spiegelt sich in den Details seiner Beerdigung. Das macht es den Beteiligten unmöglich, Trauer und Tränen zu verdrängen. Sie tauchen ganz tief hinab in Kummer und Leid und finden dadurch auch wieder zur Freude – Freude darüber, diesen Menschen gekannt zu haben, und Freude über das eigene Leben.

Ich wollte in meinem eigenen Bestattungsinstitut den Trauernden zum Ausleben der Trauer verhelfen, ihnen aber auch Hoffnung machen.

Der Tod sollte im Leben nicht verschwiegen werden, und beim Tod eines Menschen sollte das Leben nicht verschwiegen werden.

Ich wollte versuchen, den Tod genauso darzustellen wie das Leben. In Farbe und nicht in Schwarzweiß.

Eine düstere Bestatterin zu spielen passte nicht in mein eigenes farbiges Leben, und so beschloss ich, die Jeans und die bequemen hellen Sneakers nicht zu verbannen.

Die Angehörigen sollen schließlich auch in bequemer Kleidung zu mir kommen, ohne sich dabei deplatziert zu fühlen, weil die Bestatterin in ihrem schwarzen Kostüm ein wandelnder Vorwurf ist.

»Meine« Beerdigungen sollen die Sinne anregen, denn ich glaube, dass der Tod eines Menschen ein sinnlicher Teil des Lebens ist.

Die Augen sollen eine schön geschmückte Trauerkapelle sehen, die Ohren eine schöne Musik hören und der Geruchssinn vielleicht durch Duftkerzen oder Räucherwerk befriedigt werden. Alles soll dem Gedanken dienen, dass das Jenseits schön ist und das Diesseits hoffnungsvoll.

Mein buntes Bestattungsinstitut

Und so wagte ich den Schritt in die Selbständigkeit.

Natürlich ängstigte mich das finanzielle Risiko, aber ich war bereit, eine Pleite in Kauf zu nehmen. Ich wollte unbedingt herauskriegen, ob sich meine Ideen von farbenreichen, ja heiteren Beerdigungen verwirklichen ließen.

Sabine war meine Vertraute, und sie wurde eine Art Unternehmensberaterin. Gemeinsam suchten wir ein Ladengeschäft, und sie durchforstete regelmäßig die Angebote in der Tageszeitung.

Es war nicht einfach, alle Wünsche unter einen Hut zu bringen. Mal war die Miete zu hoch, dann wieder die Räume zu klein; oft war auch einfach die Lage ungünstig, in abgelegenen Gegenden. Einmal hatten wir schon etwas Passendes gefunden; die Miete stimmte, der Eigentümer führte uns herum und es herrschte allseits Zufriedenheit – bis er das Wort »Bestattungsinstitut« hörte. Da wurde er buchstäblich blass vor Schreck.

»Das kommt überhaupt nicht in Frage!«, rief er entsetzt. »Was würden da die anderen Mieter sagen!«

Er hatte sichtlich Angst, wir könnten großes Unheil über sein Haus bringen, und scheuchte uns so schnell wie möglich fort.

Schließlich landeten wir in Begleitung eines Maklers in einer unbeschreiblich verwahrlosten Bruchbude in Berlin-Kreuzberg. Der PVC-Boden war völlig durchgetreten, die Fenster hingen schief in den Angeln, von den Türen war die Farbe schon fast völlig abgeblättert, und die Schaufenster waren notdürftig mit Spanplatten vernagelt.

»Mich trifft der Schlag, Sabine«, sagte ich. »Glaubt der wirklich, er kann uns dieses Loch andrehen?«

Am liebsten hätte ich sofort kehrtgemacht.

Aber Sabine wiegte den Kopf. »Überleg mal – zwei große Räume mit Schaufenstern zur Straße, hinten Küche, Bad und ein Nebenraum. Eigentlich ideal.«

Ich schwieg verwirrt. Aber schließlich war Sabine meine Expertin, und ich verließ mich auf ihr Urteil. Sie hatte den besseren Blick für die Vor- und Nachteile eines Objekts. Ich fand den Laden immer noch abstoßend und fragte eigentlich mehr pro forma nach der Miete. Die war okay.

Nach einem weiteren Rundgang durch die Räumlichkeiten entschied Sabine: »Das ist genau das Richtige! Ein U-Bahnhof direkt in der Nähe, eine ruhige Straße, die Sonne fällt frontal in den Laden und die Räume sind in Größe und Zuschnitt ideal.«

»Aber der Zustand!«, wandte ich zaghaft ein.

»Klar, hier muss alles von Grund auf renoviert werden«, sagte Sabine. »Aber dann können wir es auch gleich richtig machen, ganz nach deinen Vorstellungen.«

Das leuchtete mir ein. »Recht hast du«, sagte ich. »Wie immer.«

Meine Fantasie lief bereits an. Die Tapeten mussten weg, die Wände würden verspachtelt und gestrichen werden. Von den Türen musste der alte Lack entfernt werden, dann würde ich das Holz lasieren, um eine warme Atmosphäre zu schaffen. Passend dazu legte ich in Gedanken bereits einen Holzfußboden, und der Tischler baute eine elegante Schaufensterverkleidung.

Während ich mich in Träumen verlor, handelte Sabine aus, dass auf Kosten des Vermieters neue Fenster eingebaut würden und dass wir wegen der Renovierung drei Monate lang keine Miete zahlen mussten.

So wurde 1992 der Grundstein für das erste bunte Bestattungsinstitut in Deutschland gelegt.

Nachdem der Mietvertrag unterschrieben war, kündigte ich sofort meine Anstellung. Abschiede gehen bei mir immer schnell. Jürgen unterstützte mich in meinem Plan; wir hatten ja schon oft darüber geredet. Er selbst wollte aber nicht mitmachen; er suchte keine Herausforderung mehr im Leben.

»In meinem Alter finde ich eine Neugründung zu waghalsig«, sagte er. »Aber wahrscheinlich werde ich bald die Branche wechseln, um wieder ausschließlich als Buchhalter zu arbeiten. Und wenn du in Steuerfragen Hilfe brauchst, ruf mich einfach an.«

Ich hatte nun also drei Monate Zeit, mein Bestattungsinstitut betriebsbereit zu machen.

Meine beste Freundin Dagmar und Sabine halfen mir, die Wände von den Tapeten zu befreien. Jeden Tag nach Dienstschluss trafen wir uns in der Ruine. Wir kratzten und schabten jeden Tapetenfetzen von der Wand und verbrachten Stunden damit, mit Heißluftpistolen den Lack von den Holztüren zu föhnen. Wir bekamen Blasen und Schwielen die Menge, hatten aber auch viel Spaß dabei. Wenn die Lackdämpfe uns das Hirn verwirrten, wurden wir manchmal richtig ausgelassen.

Einmal alberten wir so laut herum, dass ein Passant neugierig hereinschaute.

»Was soll denn das werden, wenn's fertig ist?«, fragte er.

»Ein Bestattungsinstitut!«, riefen wir unisono und bekamen Lachkrämpfe, als wir sein Gesicht sahen.

»Sehr witzig«, sagte er beleidigt und verschwand.

Wir spielten diese Szene noch unzählige Male nach und amüsierten uns immer aufs Neue.

Als wir endlich die Vorarbeiten beendet hatten, konnten die Handwerker beginnen. In verblüffender Geschwindigkeit wurde aus der Ruine ein saniertes und renoviertes Schmuckstück, auf das man stolz sein konnte. Die Elektriker erneuerten die Stromzufuhr, die Maler verspachtelten die Wände, der Tischler zauberte eine schöne Verkleidung für das Schaufenster, und der Fußboden wurde in passendem Holzton verlegt.

Ich strich den Ausstellungsraum mit weißer Farbe und gab meinem Beratungsraum einen Aprikosenton. Alle Möbel sollten wie die Türrahmen und der Fußboden aus naturbelassenen Hölzern sein.

Jetzt fehlte nur noch der letzte Schliff, die persönliche Note.

Einige Monate vorher hatte ich auf einer Party Anne, eine Malerin aus Hannover, kennen gelernt. Mit ihrem lässigen Kurzhaarschnitt und dem trendigen Jeansanzug hatte sie mich an einen Diskjockey erinnert.

Ich erzählte ihr von meinem Projekt, und sie war sofort begeistert. Sie lebte zeitweise in Berlin und hatte viele ihrer Arbeiten in unterschiedlichsten Einrichtungen installiert.

Annes Stil gefiel mir: Popart mit klaren Linien und kräftigen Farben. Sie faxte mir einige Vorschläge für Wandbemalungen zu, weil ich wissen wollte, welche Bilder ihr für das Thema Tod und Bestattungen wichtig waren. Ich hatte volles Vertrauen zu ihr und empfand sie als realistisch genug. Ihre klaren Werke sprachen dafür, dass sie keine abstrakte, düstere Kunst abliefern würde. Mir war wichtig, dass es Bilder wurden, die jeder verstehen konnte.

Ich war sehr gespannt, wie sich eine Künstlerin mit dem Tod vertraut machen würde. Anne selbst hatte noch nie einen toten Menschen gesehen und war noch nie in einem Bestattungsinstitut gewesen. Es gefiel mir, dass sie »blind« arbeiten musste, zumal in den Ausstellungsräumen noch keine Särge standen. Es waren leere Räume, und ich ließ sie vierzehn Tage allein und ungestört arbeiten.

Das klingt wahrscheinlich erstaunlich – aber wenn ein Mensch mich auch nur entfernt an meine Mutter erinnert, fasse ich sofort Vertrauen. Ich empfinde das als ein Zeichen, das meine Mutter mir gibt. Mir gefällt das sehr, und ich habe mich noch nie geirrt damit. Anne hatte Mutters Nase – eine Stupsnase mit leichter Neigung nach oben.

Als das Kunstwerk vollendet war, kam ich aus dem Staunen nicht mehr heraus. Vor mir lagen das Jenseits und das Diesseits.

Auf der einen Wandhälfte schweben menschliche Körper in zarten Gelb- und Orangetönen, die mich mit ihren ausgebreiteten Armen an Menschen erinnern, die in der Schwerelosigkeit leben. Mit geschlossenen Augen küssen sich Menschen in kräftigen Blau- und Rottönen zum Abschied. Dominiert wird die Darstellung von einem weiblichen Wesen, das sehr menschlich, aber gläsern wirkt. Die Haltung der Arme erinnert mich an Justitia, denn sie signalisieren eine ausgleichende Gerechtigkeit.

Ich finde es interessant, dass Anne es fertig gebracht hat, die Figuren androgyn aussehen zu lassen. Es scheint, als gebe es den Unterschied von männlich und weiblich im Jenseits nicht mehr.

Auf der kleineren Wandhälfte, die dem Schaufenster gegenübersteht, sitzen direkt in der Mitte in einem kräftigen Rotbraun die berühmten drei Affen, die nicht hören, nicht reden und nicht sehen wollen. Direkt darunter steht in großen Lettern: HÖREN – SEHEN – REDEN. Oberhalb der Wand, quasi als Abschluss, verlassen drei Elefanten, als Symbole der Weisheit, das Diesseits und machen sich auf den Weg ins Jenseits. Die Elefanten stehen für mich nicht nur für die Weisheit, sondern auch dafür, nichts im Leben zu vergessen.

Ohne es zu wissen, hatte Anne mein persönliches Thema auf die Wände gebracht: Ich wollte den Affen die Hände von Augen, Mund und Ohren nehmen und über Wahrheiten reden.

Es war ein überwältigender Moment, als sie ihr Werk enthüllte und ich sah, mit welcher Liebe sie mein Bestattungsinstitut gekrönt hatte. Ihre Nase hatte mich nicht getäuscht.

Es gab gottlob eine Menge Menschen, die mir in dieser Anfangszeit mit Rat und Hilfe zur Seite standen. Zu ihnen gehörte auch Regina, meine Zahnärztin. Sie war total begeistert von meinen Ideen und fand es so wichtig wie ich, mit dem alten Mief Schluss zu machen. Auch sie war der Meinung, dass man in hellen und heiteren Räumen besser mit den Trauernden umgehen könnte, dass man besser an sie herankäme und die Trauer lindern könnte.

Sie bestärkte mich immer in meinem Vorhaben: »Du willst ja nicht Leute missionieren, die eine traditionelle Beerdigung wünschen, sondern diejenigen erreichen, die andere Vorstellungen haben.«

Damals lag ich wieder einmal auf ihrem Zahnarztstuhl, und sie hatte begonnen, mich mit Watteröllchen und Absauggeräten auszustopfen. Sie surrte mit ihrem Bohrer in meinem Zahn und fragte: »Hast du überhaupt schon ein Logo für deinen Laden?« Regina hat entschieden eine sadistische Ader. Jedes Mal, wenn ich in diesem Zustand sozusagen aufgebahrt vor ihr liege, stellt sie mir Fragen und amüsiert sich köstlich über meine wortlosen Anstrengungen, sie zu beantworten.

Ich konnte nur durch Augenrollen ein NEIN andeuten und meine Schultern hochziehen.

Während sie bohrte, surrte, pinselte und meinen Zahn mit klebrigen Massen füllte, entwickelte sie innerhalb einer Stunde ein Logo für mich: einen blauen Würfel, der durch ein gleich langes Kreuz in Grau geteilt wird. Bei dem Kreuz krauste ich die Stirn und kniff ablehnend die Augen zusammen.

Sie fuhr unbeirrt fort: »Gerade bei einem bunten Bestattungsinstitut ist Seriosität angebracht; außerdem handelt es sich um kein kirchliches Kreuz, da alle Seiten gleich lang sind, wie bei einem Fadenkreuz.«

Ich wusste nicht recht, was ich davon halten sollte, und gab ein Grunzen von mir, das alles Mögliche heißen konnte.

Regina nahm es als Zustimmung und fügte hinzu: »Eine leichte Anspielung auf Religiöses finde ich außerdem gar nicht so schlecht. Schließlich soll niemand denken, das Ganze sei ein Gag oder eine Veralberung.«

Der Zahn war saniert, und Regina befreite mich von meinen Redehindernissen. Ich übernahm ihre Idee voll Dank gegenüber diesem kreativen Engel im weißen Mundschutz und verzieh ihr für diesmal ihre sadistische Freude an unseren einseitigen Dialogen.

Die endgültige Fertigstellung feierte ich mit Sabine und Anne in einer Bar. Es war der schönste Tag meines Lebens. Champagner musste her, und wir wurden immer ausgelassener.

»Na, ihr Hübschen, was gibt's denn bei euch zu lachen?«, erkundigte sich eine Bardame vom Tresen her.

Die Frage kam uns in unserer Schwipslaune gerade recht.

»Unser Beerdigungsinstitut ist heute fertig geworden!«, riefen wir so laut, dass es keiner überhören konnte. Die Gesichter musste man gesehen haben! Das war für uns der Höhepunkt des Abends. Wir kriegten uns kaum noch ein vor Lachen.

Aber dann kam es, wie es kommen musste. Ich hätte den ganzen Fragenkatalog auswendig runtersagen können:

»Echt – du bist Bestatterin?« (Das war noch das Harmloseste, obwohl immer ein gewisser Unterton von Abscheu mitschwang.)

»Iiih, du beseitigst Leichen?«

»Ist das nicht obereklig?«

»Wie kommt man denn auf so eine perverse Idee?«

»Sondermüllbeseitigung, was? Hahaha!«

Und so weiter. Da komme ich mir immer vor, als hätte ich einen besonders abstoßenden Hautausschlag und alle rückten ein wenig ab, um sich nicht anzustecken.

Wir hätten gern das Thema gewechselt, aber wir hatten keine Chance. Für die Bardame war das einmal eine nette Abwechslung.

»Na, da musst du ja dicke Kohle verdienen! Bestattungen kosten doch Tausende!«

Auch Nachbarn mischten sich ein:

»Sag mal, äh, stimmt das mit dem Leichengift?«

Bevor das Zahngold und die doppelt berechneten Blumen aufs Tapet kamen, verließen wir schnell das Lokal und schworen uns, in der nächsten Bar nicht mehr so leichtsinnig zu sein.

Als die Werbeschilder noch nicht angebracht und die Särge noch nicht ausgestellt waren, kamen oft Passanten herein und fragten: »Soll das ein Kinderladen werden?«

Sie bewunderten die schönen Elefanten und die »lustigen« Affen an der Wand. Immer wieder begegnete mir dieses fröhliche Lachen in den Gesichtern, so als sei ich eine Hoffnungsträgerin. Ich musste sie mit meiner Antwort enttäuschen. Manche empörten sich dann, und andere fürchteten, ich könnte Unheil über die Straße bringen. Einmal ging ein älterer Mann an meinem Geschäft vorbei und sagte, ohne stehen zu bleiben: »Sie machen mit dem Tod anderer Leute Geld. Widerlich!«

Er ließ mich stehen wie eine Auftragsmörderin, die vom »Paten« Name und Anschrift der Todeskandidaten erhält und diskret die Beseitigung übernimmt.

Es ist mir schon klar, warum viele die Bestattungsbranche als Mafia bezeichnen. Hier wie dort gibt es mysteriöse Männer in Schwarz, die man besser nicht auf ihre Arbeit anspricht. Jeder weicht aus, wenn sie in die Häuser kommen und die Toten abtransportieren. Besser, man schaut nicht hin, man könnte zu viel gesehen haben und der Nächste auf ihrer Liste sein.

Wenn man ein bisschen Fantasie (oder zu viele Gangsterfilme gesehen) hat, kann man sich noch mehr mafiöse Strukturen ausdenken:

Die verschiedenen Gangs haben die Stadt in Reviere eingeteilt und sorgen dafür, dass ihnen niemand ein Geschäft wegnimmt. Sie haben ihre Leute überall: in Krankenhäusern, Altenheimen, und wahrscheinlich sogar bei der Polizei. Wenn die Leichen nicht von selbst anfallen, kann man ja vielleicht eine Krankenschwester bestechen … Keiner spricht darüber, denn Schweigen ist oberstes Gebot.

Als endlich auch meine erste Ausstellungsware geliefert wurde, kam eine junge Frau ins Geschäft und beobachtete, wie ich die gelben und blauen Särge hin und her schob und die ebenso bunten Urnen darauf arrangierte.

»Was ist denn das für eine Ausstellung?«, fragte sie mit einem erstaunten Lächeln.

Blöde Frage, wirklich. Aber als Geschäftsfrau ist man höflich, und so antwortete ich: »Das sind Särge und Urnen.«

Sie erkundigte sich: »Welcher Künstler hat denn die Objekte geschaffen?«

»Die sind in einer ganz normalen Sargfabrik hergestellt und in einer ganz gewöhnlichen Lackiererei bearbeitet worden.«

Plötzlich dämmerte uns beiden gleichzeitig, dass wir aneinander vorbeiredeten.

»Das ist ein Bestattungsinstitut, keine Galerie«, sagte ich, und sie brach in lautes Lachen aus. Aber so richtig wohl war ihr bei der Sache nicht, sie entschuldigte sich und verließ den Laden hastig, ohne weitere Fragen zu stellen.

Als später dann die Firmenschilder an der Fassade angebracht waren, fragte leider niemand mehr. Es kamen auch deutlich weniger Passanten so spontan und beschwingt in das Geschäft. Sie trauten sich nicht mehr einzutreten, sondern blieben vor dem Schaufenster stehen, das eine Art Schutzschild bildete, welcher sie vom Tod trennte. Manche lachten, manche fanden meinen Laden unmöglich. Es war nicht schwer, in ihren Gesichtern zu lesen. Manchmal spielte ich mit dem Gedanken, plötzlich aus der Tür zu stürzen und »Huh« zu rufen. Die Vorstellung erheiterte mich jedes Mal.

Seit dem Tod meiner Mutter war ich immer eine Außenseiterin gewesen. Ich hatte mich an diese Rolle gewöhnt und gefiel mir darin, und mein neues Geschäft passte da ganz wunderbar dazu. Das bunte Bestattungsinstitut war eine Provokation, es lud zu Diskussionen ein und bot Gelegenheit, über den Tod zu reden. Aber wer provoziert, muss natürlich mit negativen Reaktionen rechnen. Ich erinnere mich an meinen alten Freund

Stefan, der in mein Geschäft kam und unbedingt sehen wollte, was ich nun eigentlich tat.

»Aha ... blaue Särge, ähä ... bunte Wände ... na ja, wem es gefällt.«

Ich freute mich, ihn zu sehen, und bot ihm einen Kaffee an, merkte aber, dass ihm das Ganze nicht passte.

»Na, was ist, willst du mir nicht zur Selbständigkeit gratulieren?«, fragte ich. Schließlich war das ein lang gehegter Traum gewesen. Aber Stefan wich aus.

»›Claudia Marschner Bestattungen‹ ist nicht gerade sehr einfallsreich, oder? Du wolltest doch ganz außergewöhnlich sein?«

Was wollte er damit andeuten? Dass ich heuchelte?

»Wie soll ich den Laden denn deiner Meinung nach nennen? ›Highway to Hell‹? oder ›Knockin on Heaven's Door‹?«

Stefan druckste herum, und ich wurde langsam sauer. Er war mein Freund und wünschte mir nicht einmal alles Gute. Aber ich beherrschte mich; schließlich wusste ich ja inzwischen, dass mein spielerischer Umgang mit dem Tod bei vielen Menschen ein starkes Gefühl des Unbehagens hervorrief, das sich bis zur Feindseligkeit steigern konnte. Da wurden alte Ängste oder verdrängter Schmerz wachgerufen. Dabei wollte ich ja niemanden zu meinem Konzept bekehren, sondern nur diejenigen ansprechen, welche die üblichen Bestattungsrituale sowieso schon, wenn auch vielleicht unbewusst, unbefriedigend gefunden hatten.

»Wie würdest du denn ein so ungewöhnliches Bestattungsinstitut nennen?«, fragte ich.

»Tja – vielleicht ›Ruhe in Frieden‹ oder ›Heimkehr‹.«

»Hey, na, das ist aber mal originell – auf so etwas Buntes wäre ich nie gekommen.«

Wir konnten beide wieder lachen und unsere Aggressionen begraben.

»Hast du Lust, mal einen Sarg von innen zu sehen?«

»Liegen da jetzt schon Tote drin?«

Ich musste lachen: »Quatsch, die müssen doch in gekühlten Räumen untergebracht sein. Glaubst du, ich stelle hier die Toten gleich mit aus?!«

Ich bat Stefan, mir dabei zu helfen, die Schrauben aus dem Sarg zu drehen, und er sah mich mit einem unsicheren Lächeln an.

»Wenn das einer sieht, Claudia, denkt der, wir veranstalten ein Probeliegen.«

Ich klappte den Deckel hoch, und er schaute vorsichtig hinein.

Ich hatte in jeden Sarg kleine Lavendelsäckchen gelegt, deren angenehmer Duft das Geruchsorgan ansprechen sollte.

Er schnupperte misstrauisch: »Was riecht'n hier so komisch?«

»Der Geruch des Todes!« sagte ich mit schaurig-hohler Stimme. Es amüsierte mich, einen fast zwei Meter großen Mann dermaßen verunsichert zu sehen. »Das ist nur eine mit Stoff ausgeschlagene Holzkiste, die nach Lavendel riecht. Was ängstigt dich denn so?«

Stefan war sichtlich erleichtert, als wir wieder in meinem Gesprächszimmer saßen, denn dort fand er Holzmöbel, die ihm von Kindheit an vertraut waren, und er ließ sich erschöpft auf einen Stuhl sinken. Er hatte wohl genug Eindrücke gesammelt und brach bald auf.

»Also, diese Arbeit könnte ich nie machen«, sagte er zum Abschied. »Tschüs.«

»Auf Wiedersehen«, sagte ich, aber ich war überzeugt, dass er sich so schnell nicht wieder in meinem Laden blicken lassen würde.

Man soll aber nicht denken, dass ich mich lustig mache über die Angst der Menschen. Nur hatte ich bei Stefan das Gefühl, dass ihn eine Art von Voyeurismus zu mir getrieben hatte. Das ist ähnlich wie bei einem Verkehrsunfall auf der Straße. Alle Passanten bleiben stehen, wenn es kracht. Sie wollen Blut sehen, je mehr, desto besser, am liebsten eine richtige Massenkarambolage mit Todesopfern, und mit wohligem Schauer lauschen sie auf das Heulen von Polizei- und Rettungsautos.

Wenn aber der Notarzt darum bitten würde, den blutenden Kopf eines Unfallopfers zu stützen, würden die meisten zurückschrecken.

Man möchte nur Zuschauer sein und sich nicht persönlich mit Unglück oder eben auch Tod auseinander setzen müssen. Man will den Unfall wie einen Film betrachten, sich aber nicht in die Handlung verwickeln lassen. Der Tod soll auf Distanz bleiben.

Der Tod meiner Mutter war für mich lange Zeit wie ein böser Film, der mir Albträume verursachte. Wenn ich von ihr hätte Abschied nehmen, ihre Hand noch einmal hätte berühren können, dann wäre mir ihr Tod so nahe gekommen, dass ich mich damit wirklich auseinander gesetzt hätte. Dann wäre ich wahrscheinlich fähig gewesen, wirkliche Trauer zuzulassen und meinen Verlust zu verarbeiten.

Meine erste Kundschaft

Sabine machte an jenem Tag den Telefondienst, weil ich einen Termin bei Nicole, meiner Steuerberaterin, hatte. Nicole erklärte mir, wie ich meine Buchhaltung aufbauen musste. Sie ist unglaublich genau und sorgt mit ihren Ermahnungen dafür, dass ich nicht in die Pleite rausche. Diese Frau ist ein Geschenk des Himmels!

Sobald ich ins Geschäft zurückkam, rief ich Sabine an, um

die Telefonate wieder auf den Laden umzuleiten. Ganz souverän, als wäre sie schon jahrelang in der Branche tätig, teilte Sabine mir mit, dass sie einen Trauerfall angenommen hatte. Ein Mann namens Georg Groth war im Krankenhaus gestorben und die Ehefrau würde am nächsten Tag zu mir kommen, um alles zu regeln.

Ich konnte es kaum glauben – die erste Kundschaft! Es war ein ganz absurdes Gefühl. Ich hatte alles aufgebaut und meine ganze Energie in das Geschäft gesteckt und dann irgendwie den Eindruck gehabt, damit sei die Sache erledigt.

Aber die wirkliche Arbeit sollte also jetzt beginnen, und ich bekam vor Aufregung ganz feuchte Hände. Ich stand vor der Premiere und hatte entsprechendes Lampenfieber. Meine erste eigene Bestattung sollte natürlich ganz perfekt gestaltet werden!

Am nächsten Tag kam Frau Groth wie vereinbart zu mir ins Geschäft. Eine Bekannte hatte ihr meine Adresse gegeben.

Sie wollte sich für die Beerdigung ihres Mannes nicht alles aus den Händen reißen lassen und aktiv an der Gestaltung der Trauerfeier mitwirken.

Das gefiel mir, denn aus meiner früheren Bestatterzeit kannte ich nur die hilflosen Kunden, die alles aus dem Katalog kauften und letztlich mich bestimmen ließen, was gut für sie war.

Frau Groth hatte eine sehr genaue Vorstellung vom Ablauf der Zeremonie, und das Erscheinungsbild meines Geschäftes ließ sie hoffen, dass ihre Wünsche hier berücksichtigt würden.

Sie erzählte, sie habe sich sehr lange und intensiv mit ihrem Mann über seinen Tod unterhalten und sei bis zum Ende an seinem Sterbebett gesessen.

Sie hätten sich viel Zeit gelassen, um voneinander Abschied zu nehmen, und schließlich habe sie gesagt: »Es ist jetzt gut, du kannst loslassen und gehen.«

Diese Kraft imponierte mir ungemein, und es beruhigte mich auch zu hören, dass es einen Punkt gab, an dem man intuitiv loslassen und den Sterbenden gehen lassen konnte.

Georg Groth war Tontechniker gewesen, und so war klar, dass seine Kollegen eine Musikanlage in der Kapelle aufbauen wollten. »Ich kann meinem Mann doch keine scheppernde Musikmühle zum Abschied in die Trauerkapelle stellen oder einen Organisten beauftragen, den ich nicht kenne. Er war ein Pedant, wenn es um Tonqualität ging.«

Die Musik war der Hauptpfeiler der Zeremonie, und Frau Groth bat darum, die Tontechniker einige Tage vorher zur Prüfung der Akustik in die Kapelle zu lassen.

»Mein Mann hat sich für eine Erdbestattung entschieden, weil ihm das Feuer zu heiß erschien«, erzählte sie lachend. »Wir haben auch nie in heißen Ländern Urlaub gemacht, weil Georg die Hitze nicht mochte.«

Er wollte keinen pompösen Sarg und keine Blumen darauf. Sie hatten sich schnell geeinigt, dass der Sarg ganz schlicht und unbehandelt sein sollte. Nur in der Blumenfrage waren sie verschiedener Meinung gewesen. Herr Groth hatte sich gegen Schnittblumen gewehrt, weil er sie noch nie hatte leiden können, aber seiner Frau widerstrebte der Gedanke, den Sarg völlig ungeschmückt zu lassen.

Ich schlug vor, einen Notenschlüssel aus Efeu anfertigen zu lassen. Damit stand das Thema Musik im Vordergrund und die Schnittblumen waren umgangen.

Frau Groth war sofort begeistert und übernahm dieses Motiv auch für die Trauerkarten, die ein Freund an seinem Computer selbst entwerfen wollte.

Eine Trauerrede hatte Georg Groth entschieden abgelehnt. Er hatte seiner Frau alles gesagt, was er ihr sagen wollte, und hatte auch von seinen Freunden Abschied genommen. Mehr Worte brauchte es nicht, fand er.

»Es ist mir nicht recht, dass es keine Rede geben soll«, sagte

Frau Groth. »Für mich gehört das einfach dazu. Aber ich will seine Wünsche erfüllen.«

Ich bestärkte sie darin. Seine Beerdigung sollte genau so sein, wie er sie haben wollte – es kam nicht darauf an, was üblich war oder was andere davon dachten. So würden also die dreißig Minuten in der Trauerkapelle mit klassischer Musik ausgefüllt werden.

Ich sagte ihr, dass vielleicht die inneren Stimmen, die bei den Gästen aufkommen würden, mehr sagen könnten als ein Trauerredner. Eine Art stille Meditation sollte es sein, die jeder anders umsetzte. Der eine würde vielleicht beten, ein anderer würde seine Erinnerungen lebendig werden lassen oder ein Gespräch mit ihrem Mann führen. Und vielleicht könnten sich später alle Freunde über ihre Gedanken und Eindrücke austauschen.

»Auch ohne Rede wird es eine Trauerzeremonie bleiben, vielleicht sogar viel intensiver«, schloss ich.

Ich sah ihr an, dass sie nicht voll überzeugt war; trotzdem stimmte sie zu.

»Sein letzter Wille steht für mich im Vordergrund. Schließlich ist es *sein* Abschied von dieser Welt.«

An dieser Beerdigung konnte ich selbst nicht teilnehmen, weil ich bis über den Kopf in den Eröffnungswirren meines Geschäfts steckte. Ein Angestellter vertrat mich auf dem Friedhof und berichtete, die Trauergäste hätten sich sehr lobend geäußert: »Sie empfanden die Feier als sehr persönlich; sie sei genau auf den Charakter des Verstorbenen zugeschnitten gewesen.«

Ein Detail gab es bei diesem meinem ersten Fall, das mich irritierte: Weder der Verstorbene noch seine Frau hatten der Kleiderfrage Bedeutung beigemessen. Dieser Punkt war ihnen völlig gleichgültig. Bei einer Erdbestattung kann man den Toten kleiden, wie man will. Nur bei Feuerbestattungen gibt es aus Gründen des Umweltschutzes die Pflicht, auf die Baumwollwäsche des Bestatters zurückzugreifen. Manchmal gestatten die Krematorien auch eigene Baumwollhemden, aber es wird nicht besonders gern gesehen.

Ich fand es merkwürdig, dass Frau Groth ihrem Mann keine eigene Kleidung anziehen lassen wollte, weil ich selbst um keinen Preis in einem Rüschenhemd aus dieser Welt gehen möchte.

Futter für die Medien

Als Kind wollte ich eine berühmte Sängerin oder Schauspielerin werden. Ich habe oft mit Sabine den »Kommissar« oder die Zirkusserie »Salto Mortale« gespielt. Wir haben Omas rückenstützendes Brett aus dem Bett gezogen und an die Wand gestellt. Mit ausgebreiteten Armen und Beinen hat sich eine von uns an das Brett gelehnt, und die andere hat die Pfeile geworfen. Wir waren Publikum, Ansagerin und »Die Flying Marschners« in Personalunion.

Einmal landete ein Pfeil in meiner Achselhöhle, und Oma kam wütend ins Zimmer gerauscht, weil das Geschrei durch das ganze Haus hallte.

Sie hat uns sofort die Pfeile weggenommen und mir Jod auf die Wunde geträufelt. Es hat gebrannt wie Feuer. Das war das Ende meiner Zirkuskarriere.

Ich träume immer noch davon, Schauspielerin zu werden, und es gibt keinen Grund, diese Hoffnung aufzugeben. Schließlich habe ich kürzlich in einer Zeitschrift gelesen, dass eine berühmte amerikanische Schauspielerin auch Bestatterin war, bevor sie Hollywood eroberte.

Erste Presseerfahrungen habe ich schon gemacht, und ich

muss sagen, dieser Aspekt der Berühmtheit ist nicht immer beglückend.

Einmal rief dieser berühmte Hallo-Hallöchen-Typus an, einer von den Fritzen, die denken, man fällt in Ohnmacht, sobald sich das Fernsehen meldet.

»Sie fallen in Ihrer Branche aus dem Rahmen, so viel ich höre. Sie machen doch die lustigen Bestattungen?«

Bei diesem Satz wallte bereits das Blut in meinen Adern. »Lustige Bestattungen? Wie stellen Sie sich das vor? Eine Beerdigung ist nie lustig, egal, wie viel Farbe man einbringt.«

Aber er war nicht so leicht einzuschüchtern. »Was war denn der schrillste Wunsch, der je geäußert wurde? Was wir brauchen, sind fetzige Sachen«, quasselte er weiter. »Und außerdem brauchen wir natürlich Bilder, wenn wir einen Film drehen wollen.«

»Sie dürfen gern in meinen Ausstellungsräumen drehen, dort können Sie zum Beispiel den Airbrusher bei der Arbeit filmen und interviewen. Wie lang soll der Beitrag denn werden?«

»Etwa vier Minuten. Und wir brauchen sehr aussagekräftige Bilder. Können wir nicht bei einer Ihrer Beerdigungen drehen?«

Der Mann hatte Nerven.

»Ich soll wohl die Leidtragenden ganz locker fragen, ob ein Kamerateam während der Zeremonie drehen kann?«

Damit würde ich das Vertrauen meiner Kunden zerstören. Ein Trauergespräch muss sehr sensibel geführt werden.

In meinen Gedanken sah ich bereits den Kabelsalat in der Kapelle und fremde Leute, die 500-Watt-Lampen durch den Raum tragen.

Der Kameramann wechselt sein Videoband lautstark, ein Assistent schubst die Trauernden hin und her, bis sie richtig im Licht stehen. Und schließlich stürzen sie sich mit Mikrofonen auf die Leidtragenden, um O-Töne einzufangen.

»Warum nicht?«, fragte er. »Die meisten Leute kommen gern ins Fernsehen. Und Ihre Kunden gehen doch bestimmt ganz locker mit dem Tod um, sonst wären sie ja wohl nicht zu Ihnen gekommen.«

»Kein Mensch geht locker mit dem Tod um. Wenn Leute zu mir kommen, dann tun sie das, weil sie einen ganz besonderen, persönlichen Abschied gestalten wollen. Noch jeder meiner Kunden war traurig, weil er einen geliebten Menschen verloren hatte. Kein Angehöriger hat je bei mir einen Sarg bemalt oder eine Trauerzeremonie außergewöhnlich ausgerichtet, nur um schrill zu wirken oder sich wichtig zu machen.«

Oder um ins Fernsehen zu kommen, fügte ich im Stillen hinzu.

»Na ja, ich weiß nicht. Ihre Klientel kommt doch sicher aus der Szene?!«

Ich stellte mich dumm: »Welche Szene meinen Sie?«

»Nun, äh, also, ich meine Aids. Das betrifft doch nur eine bestimmte Klientel?«

Der Starreporter, der sensationelle Bilder haben wollte, konnte das Wort »Schwulenszene« nicht aussprechen und so sprach ich es für ihn aus. »Ich hab Sie doch richtig verstanden?«

»Das sind doch sicher Menschen, die häufig zu Ihnen kommen und bunte Beerdigungen wollen.«

»Glauben Sie wirklich, schwule Männer hätten nichts anderes im Sinn, als in eine Federboa gehüllt auf dem Friedhof Konfetti zu werfen?«

Ich habe noch nie einen Kunden nach der Todesursache gefragt, um seine Intimsphäre nicht zu verletzen. Und vor allem habe ich noch nie nach persönlichen Beziehungen und sexueller Ausrichtung gefragt.

Aber mein Fernsehmensch war stur wie eine Dampfwalze. Er wollte nicht hören, was ich erzählte. Das war ihm alles zu normal. Er wollte ausgeflippte Angehörige am Grab, Punkmusik in der Kapelle, Entrüstung bei den anderen Friedhofs-besuchern – am besten einen ausgewachsenen Skandal.

Schließlich legte ich entnervt auf. Aber dieses Gespräch verfolgt mich noch heute.

Eigentlich hätte ich nicht überrascht sein dürfen, denn das war nicht das erste Mal, dass sich das Fernsehen für mein Ge-schäft interessierte. Beim ersten Mal hatte ich es mit einer Frau zu tun, die um kein Haar sensibler war als der eben ge-schilderte Typ. Noch heute habe ich ihren Schlachtruf im Ohr: »Bilder, Frau Marschner, wir brauchen Bilder!«

Sie wollte eine Tabubrecherin sein, aufklärerisch, progressiv und was weiß ich noch alles, und war dabei so oberflächlich, dass sie in den ganzen zwei Wochen, die wir zusammenarbei-teten, dem Thema Tod keinen Augenblick lang nahe kam.

Auch sie wollte unbedingt eine authentische Beerdigung mit ihrer Kamera einfangen. Da stieß sie bei mir auf Granit, und so gab sie sich schließlich damit zufrieden, dass ich eine Trauerzeremonie nach meinem eigenen Geschmack inszenier-te. Wir gewannen Berliner Musiker als Komparsen.

Eine Künstlerin hatte den Sarg wirklich märchenhaft mit weißem Tüll und Rosen und romantischen Engeln aus Porzel-lan geschmückt.

Alle Mitwirkenden waren ganz verzaubert von diesem Bild, aber die Chefin wollte unbedingt immer noch kreativer und fantasievoller werden.

»Ein paar Trauergäste setzen sich auf den Sarg und stoßen mit Sekt an!«, befahl sie. Sie überprüfte die Bilder auf dem Monitor und fuchtelte mit ihrem Skript herum.

Nach der Trauerrede stimmte einer der Sänger eine serbo-kroatische Ballade an. Als er eine Textzeile verfehlte, bat er: »Darf ich noch mal von vorn anfangen?«

Aber unsere Regisseurin rief nur: »Ist doch egal – merkt eh keiner. Einfach weiter singen!«

Und so ging es weiter. Ich war heilfroh, als der Spuk endlich zu Ende war und in meinem Geschäft wieder Friede einkehrte. Und seitdem glaube ich nicht mehr alles, was ich im Fernsehen sehe.

Die Kunde von meinem bunten Bestattungsinstitut hatte sich schnell in der Stadt herumgesprochen, und die Presse witterte einen auflagenfördernden Stoff. *Total verrückt ins Jenseits* und ähnliche Schlagzeilen brachten bestimmt hohe Verkaufszahlen, aber keiner der Artikel war geeignet, den Lesern meine Ideen wirklich näher zu bringen.

Das Interesse stieg besonders in den Wintermonaten, es wirkte fast, als würde im Sommer nicht gestorben oder als wollte man sich das schöne Wetter nicht mit Themen wie Tod und Sterben vermiesen. So wurden meine Branche und ich zum Saisonthema.

Schließlich wurde ich sogar zu einer Talkshow nach Mainz eingeladen. Ein unvergessliches Erlebnis!

Ein ziemlich aufgedrehter Typ rief mich an und kam schnell zur Sache: »Sie können doch wohl einen Ihrer Särge mitbringen?«

Ich musste lachen bei der Vorstellung, wie ich mit einem Sarg zum Flughafen fahren und nach Mainz fliegen würde.

»Bedaure, das geht nicht. Aber wie wär's mit einer bunten Urne? Die wäre wesentlich handlicher.«

Aber das genügte ihm nicht.

»Nein – ich brauche unbedingt Särge in der Sendung. Aber wissen Sie was: Ich besorge bei einem Mainzer Bestatter drei einfache Särge, und Sie schicken mir Vorschläge für die Gestaltung. Die Ausführung können unsere Leute hier übernehmen.«

Ich ging mit Vorsicht an die Entwürfe heran; schließlich rechnete ich bei den öffentlich-rechtlichen Fernsehanstalten mit einer konservativen Grundhaltung. Außerdem präsentierte ich mich zum ersten Mal einer sehr breiten Masse und wollte meine Ideen vom Umgang mit dem Tod so sanft wie möglich rüberbringen.

Zwei Särge ließ ich mit Samtstoffen bespannen, in den Farben Blau und Gelb, und skizzierte eine Dekoration aus Glassteinen oder Muscheln. Der dritte Sarg sollte mit einem Imitat von Zebrafellen bespannt werden; diesen Entwurf fand ich für eine Fernsehsendung schon ziemlich gewagt.

Ich flog nach Mainz und war gespannt auf die Atmosphäre in diesem riesigen Sendezentrum und auch ziemlich nervös. In der Maske wurde mein Gesicht gepudert und matt getupft, die Wimpern auf maximale Länge gekämmt und getuscht und die Augenbrauen zu einer perfekten dunklen Linie gezupft und ge-färbt.

Man klemmte mir ein Mikrofon an, und meine Hände wurden kalt und feucht vor Aufregung. Der Termin rückte näher, und der Moderator sprang wie ein aufgedrehter Kasper durch die Räume. Er machte mich noch nervöser, als ich es durch den vielen Kaffee schon war. Eine der hektischen Assistentinnen brachte mich zu der Tür, durch die ich gehen musste, sobald man mich ankündigen würde. Mein Herz wummerte wie verrückt, und ich dachte nur daran, die Treppe nicht hinunterzufallen.

Mein Name fiel und ich schritt, begleitet von dem Western-stück *Spiel mir das Lied vom Tod*, unfallfrei die Treppe hinun-ter.

Ich merkte schnell an der Art, wie der Moderator mir seine Fragen stellte, dass er Talkmaster und Gast in einer Person sein wollte, und ich wurde desto ruhiger, je aufgedrehter er sich gab. Er machte auf jung und flippig und duzte mich sofort.

»Wäre es möglich, Technomusik am Grab zu spielen?«, fragte er. »Und mit freiem Oberkörper herumzutanzen? Gäbe es da Grenzen für dich?« Er fand sich komisch und lachte meckernd.

»Glaubst du wirklich, dass jemand so etwas haben möchte?«, fragte ich zurück. Aber er hörte gar nicht hin.

»Was war die schrägste Beerdigung, die du je ausgerichtet hast?«

Es hatte keinen Sinn, hier etwas über Trauer zu erzählen, denn der Kasper wollte nur seine vorbereiteten Fragen losbringen. Er nannte den Namen einer Schauspielerin.

»Wie würdest du die denn zum Beispiel beerdigen?«

Ich hatte schon genug von ihm. »Frag sie doch selbst!«, blaffte ich.

Der Showdown fand an den Särgen statt. Sie standen wie besprochen mit Samt überzogen auf der Bühne und sahen recht gut aus. Zu meiner Überraschung kamen dann aber zwei Helfer vom Kasper und hoben die Deckel von den Särgen. So, wie die Sendung gelaufen war, hätte ich eigentlich damit rechnen müssen: Der witzige Moderator hatte Schaufensterpuppen in die Särge legen lassen. Ich wäre am liebsten im Erdboden versunken. In dem blauen Sarg lag ein Fußballfan mit blau-weißer Mütze, einem Schal und einer Plastiktröte in der Hand, im Zebrasarg eine Puppe im Neandertalerlook mit Fellkittel und Keule, und im dritten Modell eine Puppe im Hochzeitskleid.

»Sehen deine Beerdigungen ungefähr so aus? Könnte man diese Wünsche bei dir umsetzen lassen? Hahaha!«

»Da muss ich dich leider enttäuschen. Ich beerdige keine Schaufensterpuppen.«

Ich hatte nicht das Gefühl, dass der Moderator wirklich leicht mit dem Thema umging. Wahrscheinlich war es eine Vorgabe der Regie. Vielleicht lag es am Sendeplatz – vielleicht musste zu dieser Tageszeit einfach jedes Thema »witzig« behandelt werden.

Er hätte sich gern über meine Branche amüsieren dürfen, aber er machte sich über Menschen lustig, die tatsächlich in ihrem Hochzeitskleid beerdigt werden wollen oder in einem Fußballtrikot. Was ging ihn das an?

Immer wieder lese ich pünktlich zum Saisonbeginn Schlagzeilen wie *Die Machenschaften der Bestatter, Der Kampf um die Leichen,* und ich muss lachen, hört es sich doch an, als würden sich die Bestatter um jeden Verstorbenen prügeln. Spätestens beim Morgenkaffee in meinem Stammlokal vergeht mir aber das Lachen, wenn die ewig gleichen billigen Späße kommen: »Na, Claudia, das müssen ja Zustände sein in deinem Laden! Hätt' ich dir gar nicht zugetraut ...«

Hahaha.

Nicolas

Es gibt immer wieder Trauerfälle, die mich besonders beschäftigen. Einmal kam eine Sozialarbeiterin, um über die Bestattung eines vierzigjährigen Mannes zu sprechen, der an Krebs gestorben war.

»Er hat eine Zeit lang im Gefängnis gesessen, und seitdem habe ich ihn betreut«, erzählte sie. »Er hinterlässt einen siebenjährigen Sohn, der jetzt allein dasteht. Vorläufig kümmere ich mich um ihn.«

»Was ist mit der Mutter?«

»Die hat schon lang nichts mehr von sich hören lassen. Und jetzt geht es also darum, dem kleinen Nicolas einen Abschied von seinem Vater zu ermöglichen, der kein Trauma hinterlässt.«

Ich nickte. Die Frau – sie hieß Inga – war mir sympathisch.

»Ich verstehe. Er soll sich also seinem Alter gemäß mit dem Tod befassen. Die Realität darf nicht vertuscht werden, er muss sich mit unserer Hilfe damit auseinander setzen können.«

»Genau. Ich sehe, ich bin hier an der richtigen Adresse.«

Nach kurzer Überlegung schlug ich vor: »Wie wäre es, wenn du gemeinsam mit Nicolas den Sarg bemalen und gestalten würdest?«

Sie war einverstanden, und ich besorgte Farben und Pinsel und bereitete alles vor.

Als Inga und Nicolas zum vereinbarten Zeitpunkt kamen, war der kleine Junge scheu und verschlossen. Er sagte keinen Ton und sah sich nur um. Aber ich habe in Dicki, meinem kleinen Hund, einen wichtigen Assistenten. Er begrüßte den Jungen freudig, sprang an ihm hoch und beschnupperte ihn. Das entlockte Nicolas ein erstes schwaches Lächeln. Er streichelte den Hund und begann mit ihm zu spielen.

Ich brachte Dickis Hundekuchentüte und sagte: »Magst du ihn füttern?«

Wir ließen die beiden eine Zeit allein, damit sie sich ungestört anfreunden konnten, und unterhielten uns, während wir alles für die Malaktion vorbereiteten.

Nicolas und Dicki tobten inzwischen schon recht ausgelassen durch den Ausstellungsraum; der Junge versteckte Hundekuchen unter den Särgen, und Dicki musste sie suchen.

Ich genoss dieses unbefangene Spiel der beiden, und es gefiel mir, dass die Sozialarbeiterin den Jungen nicht maßregelte, weil »man in einem Bestattungsinstitut nicht herumtobt«. Kinder sind da ganz unbefangen, und Dicki vermochte auch die letzten Hemmungen zu beseitigen.

Inga sagte: »Komm, Nicolas, jetzt wollen wir den Sarg für deinen Papa bemalen.«

Der Junge war sofort bereit; er zeigte keine Spur von Beklemmung. Er wusste sehr wohl, dass wir seinen Vater in die von ihm bemalte »Kiste« legen würden, aber der Sarg machte ihm keine Angst.

Er nahm den Pinsel in die Hand und fragte: »Wo ist oben

und unten?« Aber dann kam er selbst darauf, dass das schmale Ende das Fußende sein müsse. Ich staunte.

Während die Sozialarbeiterin noch etwas unbeholfen und zögerlich in den Farben rührte, fing der Junge bereits an, dem Sarg eine Grundfarbe zu geben: Grün.

Als er mit der Grundierung fertig war, ging er ins Bad – Dicki dicht an seinen Fersen – und wusch den Pinsel aus. Inga dagegen stand auf ihrer Seite noch ganz am Anfang der Grundierung. Sie lächelte verhalten und wunderte sich darüber, dass sie offensichtlich mehr Berührungsängste hatte als der Junge.

Ganz selbstverständlich griff Nicolas zum nächsten Pinsel und begann seine Zeichnungen auf den Sarg zu bringen. Er sagte dabei kein Wort, ließ sich nur manchmal von Dicki stören und ablenken, der mit seiner Pfote vehement um Hundekuchen bat.

Er malte dicke, bunte, senkrechte Linien auf seine Hälfte des Sarges und an den Rand pinselte er eine Art Fenster, mit einer Sonne darin.

Auf den Sargdeckel malte er wilde Blumenblüten in allen Farben.

»Was bedeuten denn die dunklen Striche, Nicolas?«, fragte Inga.

Der Junge sah von seiner Arbeit auf, streichelte Dicki, der wie ein Kumpel neben ihm saß, und antwortete freundlich: »Das ist das Gefängnis, in dem Papa war, und aus dem Fenster konnte er immer die Sonne sehen. Hier oben ist eine Wiese mit vielen Blumen, und dort lebt er jetzt.«

Er hatte die Geschichte seines Vaters in Bilder umgesetzt. Ich war beeindruckt davon, wie offen und frei er darüber sprach. Ich versuchte mich in die Gefühlslage des kleinen Jungen zu versetzen. Er hatte seinen Vater so früh verloren. Ich hoffte, es würde uns gelingen, den Abschied so zu gestalten, dass Nicolas ein Kind bleiben konnte und nicht, wie ich, zu früh erwachsen wurde.

Entsorgung – nicht mit mir

Lange Zeit glaubte ich, die Idee zu meinem bunten Beerdigungsinstitut sei aus der Tristesse meiner »Lehrjahre« als streng in Grau gekleidete Bestatterin geboren worden. Aber in Wirklichkeit wurde mir dort nur bewusst, was in punkto Tod und Abschied oft falsch lief, und ich bekam auch das nötige Rüstzeug und die nötigen Kenntnisse, um es selbst anders machen zu können.

Der Keim zu meiner Entscheidung, den Tod zu meinem Beruf zu machen, wurde schon bei der Beerdigung meiner Mutter gelegt. Die grässliche gehämmerte Kupferurne war mir nie aus dem Kopf gegangen.

Während meiner Anfangsjahre als Bestatterin erlebte ich unzählige Wiederholungen dieser schrecklichen Beerdigung; es war, als wolle das Schicksal mir sagen: Du spielst ein Spiel, das dir verhasst ist. Ändere es!

Der endgültige Auslöser war ein Trauerfall, der mich direkt an meine eigene Geschichte erinnerte:

Es war der 14. Dezember. Eine sehr energische und gestresste Frau kam ins Bestattungsinstitut.

»Meine Schwester ist gestorben. Sie war neununddreißig und hinterlässt zwei minderjährige Kinder«, sagte sie ohne lange Präliminarien.

Ich hatte den Eindruck, als wolle sie sich nicht wirklich um die Bestattung kümmern. Immer wieder erwähnte sie, wie viel sie nun um die Ohren hätte und dass nun auch noch die Kinder ihrer Schwester bei ihr wohnen müssten.

»Ich möchte eine anonyme Urnenbeisetzung ohne jede Zeremonie, und zwar möchte ich alles noch vor Weihnachten hinter mich bringen, vor allem der Kinder wegen.«

Das war ein Déjà-vu-Erlebnis ganz eigener Art: Hier saß meine Oma in einer anderen Hülle vor mir, und ich hatte das Gefühl, ihr Gespräch über die Beerdigung meiner Mutter zu hören. Ich kam mir vor, als spielte ich in einem Film den Bestatter meiner Mutter.

»Die Kosten der Bestattung rechnen Sie bitte mit dem Sozialamt ab. Meine Schwester hat Sozialhilfe bezogen.«

»Aber das Sozialamt bezahlt auch für eine Feier nebst Redner und Blumen, desgleichen für eine Grabstelle«, sagte ich. »Wollen Sie nicht doch ein Grab für Ihre Schwester? Schon um der Kinder willen?«

Sie fühlte sich angegriffen und wies mich schroff in meine Schranken: »Das hat schon alles seine Gründe und seine Richtigkeit.«

Ich war offensichtlich zu weit gegangen und wollte mich mit weiteren Vorschlägen zurückhalten. Aber zur Ausführung ihres Zeitplans musste ich noch etwas bemerken.

»Eine Einäscherung im Krematorium dauert zurzeit bis zu vier Wochen. Es wird also wohl kaum möglich sein, die Urnenbeisetzung noch vor Weihnachten durchzuführen. Auch wird das Sozialamt noch einige Unterlagen brauchen, bevor es der Kostenübernahme zustimmt.«

Sie ließ sich nicht umstimmen. »Das ist doch schließlich ein Ausnahmefall. Mit ein bisschen Druck muss das doch gehen.«

Ich wagte einen letzten Versuch: »Eine Beerdigung so knapp vor Weihnachten muss doch für die Kinder besonders schmerzlich sein. Auch in späteren Jahren werden sie an Weihnachten an diesen traurigen Tag zurückdenken. Wenn wir aber die Bestattung in den Januar verlegen, wird das ein Erinnerungstag von eigenem Gewicht.«

Jetzt war sie echt wütend: »Diese Geschichte muss noch im

alten Jahr zu Ende gebracht werden, und wenn es am Tag vor Weihnachten sein sollte.«

Die Kinder taten mir Leid, aber was sollte ich machen? Ich telefonierte mit dem Krematorium und bat darum, wegen einer dringenden familiären Notlage die Einäscherung ausnahmsweise vorzuziehen.

Die Sachbearbeiterin im Krematorium war äußerst hilfsbereit: »Natürlich machen wir in diesem Fall eine Ausnahme.«

Dann rief ich auf dem Friedhof an, den die Schwester ausgesucht hatte. Sie hatten tatsächlich noch einen Termin frei – am 23. Dezember um neun Uhr früh.

Ich ließ mir diesen Termin zunächst nur vormerken, denn schließlich musste noch der Antrag beim zuständigen Sozialamt gestellt werden.

Wie erwartet bekam ich keine telefonische Zusage. »Das geht nicht so einfach«, war die Antwort. »Die Schwester muss zu uns kommen und einen Antrag stellen.«

Innerlich hoffte ich wirklich auf eine Absage. Eine Beerdigung am Tag vor Weihnachten! Das musste auf Jahre hinaus eine schreckliche Hypothek für die Kinder sein. Aber ich musste den Dingen ihren Lauf lassen.

Die schriftliche Bestätigung für die Kostenübernahme durch das Sozialamt kam rechtzeitig, und so rief ich also meine Kundin an und bestätigte ihr den 23. Dezember als Beerdigungstermin ihrer Schwester.

Sie bestellte nicht einmal Blumen.

Wieder fühlte ich mich an Oma erinnert, und ich dachte bitter: »Frohe Weihnachten, Kinder!«

Dieser Fall machte mir klar, dass ich nicht nur ein ganz anderes Bestattungsinstitut ins Leben rufen, sondern auch bewusst auf jene Klientel verzichten würde, die eine Beerdigung nur erledigen und hinter sich bringen wollte.

Meine Kunden sollten diejenigen Menschen werden, die

einen Abschied und eine Bestattung zelebrieren wollten. Glücklicherweise hat mein Konzept Anklang gefunden, und trotz der verstärkten Popularität von Feuerbestattungen und anonymen Urnenbeisetzungen spüre ich in meinem Institut einen Trend zurück zur Erdbestattung.

Die Tatsache, dass man den Sarg bemalen und nach eigenen Vorstellungen schmücken darf und sich von dem Verstorbenen ganz persönlich verabschieden kann, gibt dem Ritual der Bestattung einen neuen und tiefen Sinn. Es geht nicht mehr wie üblich darum, dass der Kunde unter mehreren braunen Särgen den auswählt, der seinen Preisvorstellungen entspricht. Bei mir geht es um die Frage: Was für ein Sarg passt am besten zum jeweiligen Toten und zu den Vorstellungen, die seine Angehörigen von ihm haben?

Der Gedanke an die Kosten spielt nur eine Nebenrolle, und wenn nötig, wird an den »richtigen« Stellen gespart.

Früher war ich dazu angehalten, wenn möglich einen Redner zu verkaufen und in jedem Fall die Blumen für den Sarg.

Jetzt versuche ich die Hinterbliebenen dazu zu überreden, dass sie die Rede selbst halten oder den Sarg mit einer Bemalung schmücken.

Viele Menschen, die ich berate, lehnen es zunächst ab, den Part des Redners zu übernehmen. Wenn ich ihnen aber Mut mache und ihnen sage, dass eine Beerdigung eine zutiefst persönliche, fast intime Familienfeier ist, trauen sie es sich zu.

Das anonyme Urnenfeld

Anonyme Urnenbestattungen finde ich schrecklich. Ich war kürzlich auf einem Friedhof, um Papiere für eine Beerdigung bei der Verwaltung abzugeben. Es war ein wundervoller alter

Friedhof mit sehr vielen aufwändigen Denkmälern, Kriegs-gräbern und Familiengrüften.

Ich sah mir unter anderem das Grab der Gebrüder Grimm an und dachte darüber nach, wie oft ich als Kind ihre Märchen gelesen hatte. Es gefällt mir, dass sie nicht nur in ihren Märchen weiterleben, sondern auch in dieser schönen Grabstätte noch gegenwärtig sind.

Als ich an ihrem Grab verweilte, fielen mir viele berühmte Menschen ein, die trotz ihres Todes noch lebendig wirken: El-vis Presley hinterließ seine Musik. James Dean vermachte uns nicht nur seine Filme, sondern er ist noch heute Kultfigur für Lebensgefühl und Mode. Marlene Dietrich hinterließ einen schier unerschöpflichen Nachlass, und sie alle sind nicht weniger präsent, als sie es zu Lebzeiten waren.

Als ich so ins Überlegen kam, warum wir Berühmtheiten so sehr verehren und noch jahrelang zu ihren Gräbern pilgern werden, sah ich in einiger Entfernung auf dem Friedhof eine Frau.

Sie ging hin und her, und es schien, als suche sie etwas. Aus der Ferne sah es fast komisch aus, weil sie nach einem be-stimmten System lief. Einige Schritte vorwärts, dann einige Schritte nach rechts.

Nach kurzer Zeit entfernte sie sich, und ich ging hinüber zu dem Platz, den sie abgeschritten hatte.

Es war das anonyme Urnengrab des Friedhofs – eine große Wiese mit einem Steindenkmal ohne besondere Inschrift.

Irgendwo in der Wiese lag ein kleiner Blumenstrauß, und ich begriff, dass sie die Blumen an die Stelle gelegt hatte, wo sie eine bestimmte Urne vermutete.

Um wessen Urne konnte es sich handeln? War es ihr Mann, ihr Kind, ihre Mutter?

Auf fast jedem Friedhof in Berlin gibt es eine solche Wiese. Warum bevorzugen immer mehr Menschen eine anonyme Bestattung? Ich glaube nicht, dass es am Geld liegt, oder jedenfalls nicht vorrangig. Es scheint mir eher auf eine gewisse Beziehungsunfähigkeit unserer Gesellschaft hinzudeuten. Sicher spielt Bequemlichkeit eine große Rolle, aber viele Menschen sehen auch einfach keinen Sinn mehr darin, ein Grab zu pflegen und zu besuchen.

Haben sich die Menschen zu Lebzeiten vielleicht auch nie besucht oder mit Blumen beschenkt? Hat der Verstorbene selbst entschieden, er wolle niemandem mit seinem Grab zur Last fallen?

Niemandem zur Last fallen! Ein sehr wichtiges Argument in unserer Zeit, die immer lauter und schneller tickt. Wahrscheinlich wollte auch meine Mutter niemandem zur Last fallen mit ihren Depressionen. War das auch ein Grund für ihren Selbstmord? Oder empfinden sich die Menschen selbst als bedeutungslos, keinen Aufwand und keine Erinnerung wert?

Aber wir haben doch auch Geschichten, Bilder und Namen zu hinterlassen!

Mir selbst gefällt die Idee, dass mein Name, für jeden sichtbar, auf einem Stein graviert steht. Ich stelle mir gern vor, wie fremde Friedhofsbesucher an meinem Grab stehen bleiben und sich ausmalen, wer ich wohl war. Anhand meiner Daten können sie mein Lebensalter erkennen oder mein Sternbild. All die scheinbar banalen Dinge, die doch wichtig sind. Ich glaube an ein freundliches Jenseits und versuche diese Vorstellung bei meinen Bestattungen zu vermitteln, aber ich möchte auch nach meinem Tod noch einen Platz auf der Erde haben.

Jetzt endlich: Abschied von der Mutter

Siebzehn Jahre nach dem Tod meiner Mutter wagte ich mich zum ersten Mal an ihr Grab. Aber nicht allein; Sabine musste mich begleiten. Sie hatte Mutter dort schon oft besucht. Ich aber hatte mich nie an dieses Grab getraut, weil ich wusste, dass mir dort nur die schlimmen Erinnerungen an Mutters Beerdigung hochkommen würden und nicht die schönen Bilder aus ihrem Leben.

Sabine und ich wollten uns vormittags in einem Café treffen und ganz in Ruhe in den Tag starten.

Am Abend vorher überfielen mich Unruhe und Übelkeit, und ich ertappte mich dabei, dass ich nach dunkler Kleidung suchte. Und das, obwohl ich schon seit einigen Jahren mein buntes Bestattungsinstitut hatte! Ich ärgerte mich sehr darüber, dass die Konventionen und die heuchlerische Atmosphäre von Mutters Beerdigung mich noch immer so stark beeinflussten.

Als ich Sabine traf, verflog die Übelkeit, denn sie war meine Verbündete und Vertraute und teilte meine Last. Wir alberten herum und ich äußerte die Vermutung, dass die Urne meiner Mutter wahrscheinlich im Grabe vibrieren und poltern würde, weil ich sie nie besucht hatte. Aber solche Scherze dienten nur dazu, mein Unbehagen zu übertünchen.

Am Tag von Mutters Beerdigung hatte es geregnet; am Tag meines ersten Besuches schien die Sonne. Das war für mich eine Bestätigung, dass ich die richtige Entscheidung getroffen hatte.

Ohne Sabine hätte ich das Grab gar nicht mehr gefunden. Ich hatte nicht das Gefühl, die Ruhestätte meiner Mutter zu besuchen, sondern einen Tatort. Der Weg zum Grab war gepflastert mit alten Bildern. Intuitiv stieß ich jenes »So Gott will« aus. Ich wollte Sabine damit zum Lachen bringen, um die unerträgliche Spannung zu brechen. Sie lächelte mich an und nahm meine Hand, aber sie hatte Tränen in den Augen. Ich selbst befand mich wieder in jenem schalldichten Raum und konnte nichts sagen und nichts denken. Ich hatte das absurde Gefühl, ich würde Mutter nun leibhaftig treffen, und ich wusste nicht, was ich zu ihr sagen sollte.

Ich sah sie vor mir in ihrem weißen Leinenhemd und den Bluejeans. Sie war so schön gewesen! Und immer elegant, egal, was sie anhatte.

Mein Herz zog sich zusammen, als wäre in seinem Inneren ein Vakuum entstanden, und ich versuchte, in die Wirklichkeit zurückzukehren.

Wir bogen in einen engen Weg ein, der von Gräbern gesäumt war. So lag sie also in einer Reihe mit wem auch immer. Eine von vielen – und war doch immer etwas Besonderes gewesen. Aber andererseits war ja jeder, der hier lag, einmal etwas Besonderes, ein einmaliger, unverwechselbarer Mensch gewesen. Ich las meinen eigenen Familiennamen auf einem vierzig mal vierzig Zentimeter großen Stein und konnte dort kein inneres Hallo für meine Mutter herausbringen. Der Grabstein war in jenem Braun gehalten, das ich zu verabscheuen gelernt hatte.

Sabine hatte neben dem Grabstein ein kleines Bäumchen gepflanzt, das den Platz ein bisschen heimelig machte.

Als wir vor dem Grab standen, hörten wir plötzlich ein Geräusch und sahen zur Friedhofsmauer.

Eine Krähe breitete ihre Flügel aus und flog in unsere Richtung.

Zwischen all den Hunderten von Grabsteinen landete sie genau auf dem unserer Mutter und blinzelte nervös. Dann hob sie sofort wieder ab und flog über die Mauer hinweg.

Das Vakuum in meinem Herzen löste sich in einem Lachen. Auch Sabine lachte und sah mich an: »War das jetzt ein Zeichen von Mama?«

Es klingt wohl ziemlich verrückt, aber wir glaubten tatsächlich daran, dass Mama uns damit zum Lachen bringen wollte. Für mich war es auch ein Zeichen, dass ich nicht mehr zum Friedhof gehen musste. Als die Krähe über die Mauer flog, schien mir das zu bedeuten, dass Mama sich nicht mehr auf dem Friedhof mit uns treffen wollte. Ihr hatte die Beerdigung bestimmt genauso wenig gefallen wie uns. Das machte mich und Sabine fast froh, und wir gingen erleichtert fort.

Der Anlass dafür, dass ich Mamas Grab endlich besuchte, war der Tod unserer Oma. Sie war zweiundneunzig Jahre alt geworden, wäre aber gern schon ein paar Jahre früher gestorben. Ihre Freunde und Bekannten waren immer weniger geworden. Mit zunehmendem Alter hatte sie Angst davor bekommen, allein aus dem Haus zu gehen, und seit dem Tag, als ihre beste Freundin Elli starb, hatte sie ihre Wohnung überhaupt nicht mehr verlassen. Die beiden hatten oft stundenlang Karten gespielt.

Oma hatte nie Trauer über Mamas Tod gezeigt, sich aber bestimmt viele Gedanken über die ganze Geschichte gemacht und wohl sicher auch Schuldgefühle gehegt.

Es war klar, dass ich die Beerdigung ausrichten würde, und ich erinnere mich noch, wie sie sagte: »Nimm aber für deine Oma nicht irgendeine olle Kiste.« Es war immer ihr Wunsch gewesen, in das Urnengrab ihres Mannes zu kommen, aber einige Monate vor ihrem Tod sagte sie zu Sabine, sie wolle auf keinen Fall durch das Feuer. Sie konnte ihre Angst nicht begründen, es war eher eine intuitive Entscheidung. Wir respektierten ihren Willen und arrangierten eine Erdbestattung.

Vielleicht, so hoffte ich, hatte auch sie Mamas Urnenbestattung schrecklich gefunden. Auf jeden Fall war ich erleichtert. Noch eine Feuerbestattung in der Familie hätte ich schwer aushalten können.

Oma bekam einen traditionellen und stabilen Sarg aus hellem Eichenholz. Sie hatte tatsächlich etwas von einem starken Eichbaum gehabt.

Sabine wählte Sonnenblumen für sie aus. Sie wollte Fotos aufstellen und erklärte, sie würde auch ein Foto von Mama dazustellen. Ich erkannte voll Freude, dass wir uns mal wieder ohne Worte einig waren: Diese Zeremonie sollte nicht nur unserer Oma, sondern auch unserer Mutter gelten. Wir wollten Mama den Abschied gestalten, der ihr damals vorenthalten worden war. Und wir hatten auch nicht das Gefühl, Oma damit etwas wegzunehmen, sondern wir gaben ihr damit eine Gelegenheit, mit ihrer Tochter ihren Frieden zu machen.

Ich engagierte einen Sänger und einen Trompeter, die uns auf dem Weg zum Grab begleiten sollten.

Die Gäste saßen in der Trauerkapelle, und der Sarg war wunderschön mit den Sonnenblumen geschmückt. Die Fotos von Mama und Oma standen neben dem Sarg auf dem Altar.

Ich dachte mich und meine Tränen gut kontrollieren zu können, bekam aber bald schon Kopfschmerzen von der Anspannung.

Als der Sänger *Amazing Grace* anstimmte, brachen die Dämme, und Tränen schossen mir nur so aus den Augen. Sabine ging es nicht anders. Wir hielten uns aneinander fest, und es war, als würden wir in der Zeit zurückfahren. Wie zwei kleine Kinder saßen wir nebeneinander und konnten endlich die alten Tränen, die Mama gehörten, preisgeben.

Erst nach siebzehn Jahren hatten wir beide das Gefühl, dass ihre Seele zur Ruhe kommen würde. Wirklich versöhnen konnte ich mich aber nicht mit der Erinnerung an Mamas Bestattung, und ich will es auch bis heute nicht.

Tatsächlich blitzte ein Déjà-vu auf, als wir Oma das letzte Geleit zum Grab gaben. Eine unserer Tanten fragte uns doch tatsächlich noch auf dem Weg zum Grab, mitten in das wunderschöne Trompetenspiel hinein, wie wir das nun mit den Kosten für die Beerdigung regeln wollten.

Sabine brachte sie mit einem mörderischen Blick zum Schweigen.

Seit jenem Tag habe ich das Gefühl, dass man mit den Toten reden kann und darf. Ich habe begonnen, meine Rüstung Stück für Stück abzulegen und meine Schutzmauern niederzureißen. Ich kann jetzt die Erinnerungen an Mama zulassen, auch wenn es schmerzt.

Eines Tages nahm sie mich zum Beispiel an der Hand und sagte:

»Claudia, heute werden wir die Stützräder von deinem Fahrrad nehmen. Ich weiß, dass du auch auf zwei Rädern fahren kannst.«

Sie holte mein leuchtend rotes Fahrrad aus dem Keller und montierte im Hinterhof die Stützen ab.

Ich hatte Angst, obwohl ich nicht genau wusste, wovor. Gerne hätte ich den Zeitpunkt noch einmal verschoben, aber da hatte sie mich schon an der Hand, und wir gingen auf die Straße.

»Jetzt suchen wir uns eine lange, gerade Strecke«, sagte sie. »Du brauchst keine Angst zu haben; ich werde die ganze Zeit mitlaufen und dich am Sattel festhalten.«

Schlangenlinien ziehend fuhren wir los. Ich klammerte mich am Lenker fest und drückte meine Füße auf die Pedale, als könnte ich mich daran festhalten, und dabei schrie ich immer:

»Nicht loslassen! Nicht loslassen!«

Und Mama beruhigte mich immer:

»Ich bin ja da, Claudia. Läuft doch. Immer schön treten.«

Ich fuhr weiter und brüllte weiter. Aber nach einiger Zeit bekam ich keine Antwort mehr. Ich war zu schnell für Mama geworden. Mein Geschrei lockte viele Leute ans Fenster, und sie freuten sich mit mir und munterten mich auf. Die Schlangenlinien wurden allmählich zu einer Geraden. Ich fuhr wie von einer unsichtbaren Hand geführt. Mir war, als würde ich noch immer festgehalten.

Und dieses Gefühl habe ich jetzt wieder: dass meine Mutter hinter mir ist und mich hält.

Schuld und Schuldgefühle

Einmal kam eine junge Frau in mein Geschäft, die sich Karen nannte, etwas älter als ich, vielleicht achtunddreißig Jahre. Sie war in einem schrecklichen Zustand und hatte schon seit Tagen nicht mehr geschlafen.

Ihr Freund Adrian hatte sich das Leben genommen; er hatte sich im Kleiderschrank der gemeinsamen Wohnung erhängt. Sie hatten mehr als zehn Jahre zusammengelebt.

Adrians Eltern wollten mit ihr nichts zu tun haben; sie verweigerten ihr jede Mitsprache bei der Beerdigung. Da die beiden nicht verheiratet gewesen waren und auch kein Testament existierte, hatte Karen keinerlei Recht.

Sie schilderte, wie sie ihren Freund vorgefunden hatte.

»Diesen Anblick werde ich nie aus dem Kopf bekommen«, sagte sie.

Die Kriminalpolizei brachte ihn sofort in die Gerichtsmedizin und Karen suchte verzweifelt nach einer Möglichkeit, von Adrian noch einmal in Ruhe Abschied zu nehmen. Sie wollte ihn durch einen Bestatter herrichten und anziehen lassen, um ihn friedlich liegend in einem Sarg zu sehen.

Ohne das Einverständnis der Eltern gab es keine Chance dafür. Auch ich konnte Adrian nicht ohne Einwilligung der nächsten Angehörigen aus der Gerichtsmedizin abholen. Das Recht an der Leiche (so sagt das Bestattungsgesetz) haben zunächst die Verwandten aus erster Linie, in diesem Fall also die Eltern.

Ich vermutete bereits, dass die Eltern froh waren, eine

Schuldige zur Hand zu haben. Sie sollte nun für den Tod ihres Sohnes büßen, indem sie von der Beisetzung ausgeschlossen wurde.

»Adrian war schon seit Jahren in Therapie, da er unter schweren Depressionen litt«, erzählte Karen. »Es war eine schwere Zeit für uns beide. Ich wollte mich schon ein paar Mal von ihm trennen, aber er drohte immer wieder, dass er sich dann umbringen würde.«

Ich machte uns Kaffee, weil ich sah, dass sie am Ende ihrer Kräfte war. Sie nahm dankbar eine Tasse an und fuhr fort: »Ich fühlte mich natürlich schuldig an seinem Tod und suchte seine Therapeutin auf, in der Hoffnung, sie würde mich trösten. Schließlich kannte sie Adrian besser als jeder andere. Aber die Frau bestärkte mich nur noch in meinen Schuldgefühlen.

›Sie hätten sich schon längst von ihm trennen sollen‹, sagte sie. ›Haben Sie das nicht selbst gesehen?‹«

Bei der Erinnerung an dieses Gespräch brach Karen völlig zusammen. Und zum ersten Mal erzählte ich einer Kundin von meiner Mutter.

Zum Schluss sagte ich: »Ihr Adrian muss sich sehr nach dem Tod gesehnt haben. Sich im Kleiderschrank zu erhängen bedeutet, die Beine einfach nicht mehr aufzustellen. Er hatte seinen Lebenserhaltungstrieb verloren.«

Vorher war mir selbst nie klar geworden, dass so etwas möglich war.

»Wahrscheinlich hätte Ihr Freund schon früher Schluss gemacht, wenn er Sie nicht gehabt hätte«, gab ich zu bedenken. »Ich bin sicher, dass Sie sein Leben um Jahre verlängert haben.«

»Sie glauben nicht, dass die Therapeutin Recht hat?«, fragte sie zaghaft.

»Ich nehme an, dass sie selbst mit Schuldgefühlen kämpft. Schließlich war er ihr Patient, und sie konnte ihm nicht helfen«, sagte ich.

»Und seine Eltern?«

»Auch die werden sich schuldig fühlen. Besonders die Mütter haben in solchen Fällen das Gefühl, dem Kind eine Krankheit in die Wiege gelegt zu haben. Und wer sich schuldig fühlt, versucht die Schuld auf andere abzuwälzen.«

Ich war mir da recht sicher und wirkte deshalb auch ziemlich überzeugend. Beim Abschied kam mir Karen doch etwas erleichtert vor.

Wir haben uns nicht wieder gesehen.

Nach einiger Zeit rief sie mich an und berichtete, sie hätte nur auf Umwegen den Bestattungstermin herausbekommen.

»So konnte ich wenigstens an der Beerdigung teilnehmen«, sagte sie. »Adrians Eltern und Verwandte haben mich gemieden, aber immerhin meine Anwesenheit geduldet. Es war kein schöner Abschied von Adrian, aber doch wenigstens ein Abschied.«

Ich drückte ihr mein Mitgefühl aus.

Es muss grausam gewesen sein. Solche Spannungen, Schuldzuweisungen und Feindseligkeiten, wenn um das offene Grab eine stumme Schuldschlacht tobt, machen den Abschied für alle Beteiligten unbefriedigend. Schlimme Erinnerungen an die Beerdigung eines geliebten Menschen lasten für immer auf der Seele, das wusste ich nur zu gut aus meiner eigenen Erfahrung.

Der Tod – ein diebisches Kind

Jeder Mensch macht sich seine eigene Vorstellung vom Tod. In meiner Fantasie ist er ein freches Kind, das scheinbar unlogisch und frei von gesellschaftlichen Zwängen handelt. Es erklärt seine Handlungen nicht und ist damit nie zu fassen.

Wir können dieses wilde Kind nicht in eine Schublade einordnen und nicht kontrollieren.

Es lebt genau unter uns, aber wir wissen nicht wo. Es kommt nicht verschämt daher, sondern es dringt ganz selbstverständlich in unsere Wohnungen ein und macht uns etwas kaputt, weil es sich einen neuen Freund aussucht. Eigentlich denkt dieses Kind nicht daran, uns zu verletzen. Es kalkuliert nur nicht ein, dass wir traurig sind, einen Freund zu verlieren.

Manchmal bringt es dieses Kind fertig, einen von uns direkt von der Arbeit wegzureißen. Es hat die Macht, uns von einem Weg abzuhalten und zu entführen. Es führt uns vor, wie vergänglich Körper sind, obwohl wir so sehr daran hängen. Durch sein Spiel zeigt es auch, wie unwichtig weltliche Besitztümer sind.

Es ist ein unbestechliches Kind, das sich auf kein Tauschgeschäft einlässt. Es weiß genau, welchen Freund es will, und wir könnten ihm alles dafür bieten, einen anderen auszusuchen, es würde nur den Kopf schütteln und uns damit zeigen, wie machtlos wir sind.

Unsere Erziehungsmethoden und unsere Strafmaßnahmen können wir bei diesem Kind nicht anwenden.

Es nimmt und tut dabei nichts Böses. Im Gegenteil, es ist freundlich: Es zeigt uns, wie kostbar Momente sind, wie vergänglich. Wie wichtig ein Mensch in genau so einem Moment sein kann. Das Kind lehrt uns etwas über Lebensgenuss und Freude, und es lehrt uns, dass wir uns nie sicher fühlen sollen. Jeder von uns wird diesem Kind einmal begegnen.

Mancher wünscht sich wohl auch, dass dieses Kind ihn zum Freund haben möchte und abholt. Seine Welt scheint oft verlockender als unsere.

Vielleicht bringt uns dieses Kind zurück. Die Frage ist nur, wohin? Ins Paradies? Bringt es uns zurück nach Hause?

Vielleicht sind wir auf dieser Erde gar nicht zu Hause – vielleicht haben wir nur eine Aufgabe zu erfüllen, die wir selbst nicht kennen? Und wie sieht das Jenseits aus?

Fragen, auf die wir hier keine Antwort bekommen werden.

Vielleicht erzählt uns das Kind davon, wenn wir ihm schließlich begegnen.

Ich stelle mir das Sterben immer wie eine Geburtstagsparty vor: Ich trete durch eine Tür, und in dem Moment geht das Licht an; eine Menge Leute haben sich versammelt und rufen: »Überraschung!«

Die Musikanlage wird aufgedreht; neben dem Gabentisch ist ein riesiges Büfett aufgebaut. Ich treffe viele Menschen wieder, die ich schon lange nicht mehr gesehen habe.

Oma wird mit Elli die hundertste Runde Karten spielen, und Mama wird bestimmt dafür sorgen, das sich alle Gäste gut amüsieren und Spaß haben. Wahrscheinlich ist Piefke, unser Kater, auch wieder dabei, und der wird mir sicher einen Kratzer verpassen, wenn er mich wittert.

Mein Jenseits ist also schön; trotzdem finde ich, es kann warten. Ich weiß nicht, wie meine Mutter sich das Jenseits vorgestellt hat – aber offenbar nicht so schlimm, dass sie nicht ihr irdisches Leben im Tausch dafür hergegeben hätte.

Ein Abschied unter Freunden

Bei meiner Arbeit als Bestatterin habe ich überwiegend mit den Hinterbliebenen zu tun, weniger mit den Toten selbst. Das Ankleiden und Herrichten der Verstorbenen überlasse ich meist meinen netten Kollegen in Grau.

In Berlin wird nur selten der Wunsch geäußert, einen Toten zu präparieren oder zu schminken oder gar eine Totenmaske von ihm anfertigen zu lassen.

Einmal wurde ich persönlich gebeten, einen jungen Mann

für den Abschied herzurichten. Er war in seiner Wohnung gestorben, und seine Freunde hatten ihm geholfen, friedlich aus der Welt zu gehen.

Er hatte keine Verwandten, und so kümmerten sich die Freunde auch um die Gestaltung seiner Beerdigung.

Seine engste Freundin rief mich an und erzählte, es würden noch viele Bekannte kommen, um von ihm Abschied zu nehmen.

»Es ist uns wichtig, dass Paul von einer Frau hergerichtet wird«, sagte sie. »Seine Besucher sollen keinen Mann in Schwarz antreffen. Ihr letzter Eindruck von ihm soll ein freundlicher sein.«

»Natürlich«, sagte ich. »Das mache ich gerne.«

»Und wir wären froh, wenn Sie bei der Abschiedszeremonie behilflich sein könnten«, fuhr sie fort. »Paul soll angekleidet werden, und in seinem Gesicht sollen die Spuren seiner langen Krankheit ein bisschen überschminkt werden.«

Ich nahm eine Kollegin mit; wir hatten alle Utensilien für unsere Aufgabe dabei.

An der Wohnungstür erwartete uns eine sehr ruhige, freundliche Frau, die uns in Pauls Zimmer führte.

Die Fenster waren geöffnet und das Bett des jungen Mannes war mit Rosen geschmückt, die ihren Duft im Raum verströmten. Leise Musik ertönte. Das Bett war ans Fenster gerückt worden – so als sollte die Sonne noch einmal Pauls Gesicht wärmen.

Es war keine bedrückende Situation. Ein Mann saß auf einem Stuhl und blätterte in einem Buch seines verstorbenen Freundes, eine junge Frau kochte für uns Tee, und wir begannen den Abschied vorzubereiten.

In Gedanken stellte ich mich dem jungen Mann vor und dachte darüber nach, ob es ihm überhaupt recht wäre, dass eine Fremde ihn berührte.

Die Freunde hatten ihn kurz nach seinem Tod gewaschen

und ihm nasse Wattebäusche auf die Augenlider gelegt, damit sie geschlossen blieben. Das Bett war mit frisch duftender Bettwäsche bezogen, und er trug neue Boxershorts von Calvin Klein.

Paul sah mitgenommen und mager aus. Es machte den Eindruck, als hätte er sich aus seinem Körper herausgekämpft und seine erschöpfte Hülle zurückgelassen.

Ich hatte so ein Gefühl, als wäre er noch in der Wohnung und sähe uns zu. Es war zu spüren, dass der Raum noch voll von seiner Energie und seinem Geist war.

Wir rasierten ihn vorsichtig und kämmten ihm die Haare. Mir fiel auf, dass meine Kollegin und ich schwiegen, während Pauls Freunde in der Küche oder im Flur miteinander redeten, manchmal auch lachten.

Ich führte ein inneres Gespräch mit Paul und erklärte ihm alles, was wir mit ihm machten. Ich hatte das Gefühl, ihm immer noch wehtun zu können.

Seine Kleidung lag gebügelt und ordentlich auf einem Tisch, und schließlich zogen wir ihm das karierte Flanellhemd, die Jeans und seine über alles geliebte Lederweste an.

Wir nahmen ihm die Wattebäusche von den Augen und tupften das Gesicht mit einem hellen Camouflage-Puder ab.

Trotz der familiären Atmosphäre hatte ich das Gefühl, Pauls letzte Ruhe zu stören. Ich fragte mich, ob er gewollt hätte, dass ein fremder Mensch ihn so sah. Ein Toter ist den Lebenden so ausgeliefert. Ich an seiner Stelle hätte mich lieber von einem Freund ankleiden und kämmen lassen. Hinzu kam noch, dass ich mich in seiner Wohnung fremd fühlte wie ein ungeladener Gast.

Während unserer Arbeit waren noch ein paar Leute dazugekommen. Als wir alles für die Zeremonie vorbereitet hatten, verabschiedeten wir uns schnell, um beim Abschied nicht zu stören.

Auf dem Heimweg erzählte ich meiner Kollegin Gesine,

dass ich mich dem Verstorbenen vorgestellt hatte und den Eindruck bekommen hatte, etwas von ihm sei noch da gewesen.

»Findest du das merkwürdig?«, fragte ich.

»Nein«, sagte Gesine. »Im Gegenteil. Ich bin froh, dass du das gesagt hast. Mir ist es genauso gegangen.«

Wir hatten beide täglich mit dem Tod zu tun, aber unsere Arbeit würde uns nie zur Routine werden. Sind es doch immer wieder andere Menschen, die wir vorfinden. Allein die Tatsache, dass sie tot sind, ändert nichts daran, dass sie ebenso individuell bleiben, wie sie es zu Lebzeiten waren. Sie behalten eine eigene Ausstrahlung und mutieren nicht zu einheitlichen Leichen.

Wir hatten beide einen großen Respekt vor dem jungen Mann empfunden und fühlten uns bereichert, weil wir ihn in einer der zwei wesentlichen Phasen seiner Existenz begleitet hatten. Es muss ein ähnliches Gefühl sein, wenn man einer Mutter bei der Geburt ihres Kindes beisteht.

Unsere Branche sollte überflüssig sein

Wie anders war es bei Mama gewesen! Ihre Intimsphäre wurde nicht respektiert. Kein Mensch, den sie geliebt hatte, war um sie. Polizisten kleideten sie aus für die Untersuchung in der Gerichtsmedizin, fremde Menschen vom Bestattungsinstitut kleideten sie wieder an für die Beerdigung. Fremde, von denen ich nicht weiß, ob sie freundlich waren oder wenigstens saubere Hände hatten.

Ich weiß, es klingt paradox, wenn ich als Bestatterin das sage, aber ich fände es am schönsten, wenn unsere Branche überflüssig würde. Dann wäre der Tod wieder eine rein familiäre Angelegenheit. Der Schreiner würde den Sarg anfertigen, die Floristen würden die Blumen zum Friedhof bringen, und der Sarg würde von Freunden zum Grab getragen.

Es gäbe kein vorgeschriebenes Bestattungsfahrzeug nach DIN sowieso mehr; der Sarg könnte von jedem beliebigen Transporter zum Friedhof gebracht werden.

Sollte ein Arzt tatsächlich feststellen, dass ein Verstorbener »hochgradig giftig« ist, gäbe es natürlich medizinische Hilfe, und der Arzt würde alle nötigen Maßnahmen ergreifen, um eine Ansteckung zu verhindern.

Ich finde diese Gedanken nicht einmal revolutionär. Ich habe nur immer die Parallelen zwischen Geburt und Tod vor Augen.

Noch vor einer Generation wurde in den Krankenhäusern der Mutter das eben geborene Kind quasi entrissen; es wurde versorgt und ins Säuglingszimmer verfrachtet, wo es dann die nächsten Angehörigen gnädigerweise durch eine Glasscheibe anschauen durften. Nicht einmal der Vater durfte das Kind in den Arm nehmen. Alles außer dem Stillen wurde von fremden Menschen erledigt. Und auch das Stillen wurde nicht gefördert, weil die Flaschenfütterung für das Personal bequemer war.

Inzwischen hat man gottlob eingesehen, dass die menschlichen Bindungen sich nur durch Nähe und Zuwendung richtig entfalten können und dass liebevoller Körperkontakt wichtiger ist als ein Höchstmaß an Hygiene.

Hebamme und Säuglingsschwester reißen nicht mehr alle Kompetenzen an sich; die Hebamme versteht sich als Helferin und Beraterin, sie unterstützt und begleitet bei einer Geburt. Sie ist Expertin in Sachen Geburt und allen Fragen, die sich um ein Kind drehen, bleibt aber im Hintergrund, sobald das Kind geboren ist.

Ein ähnliches Umdenken wünschte ich mir beim Tod. Warum sollte man sich die Toten wegreißen lassen, nach dem Motto: Die Leiche ist jetzt unsere Angelegenheit, die geht Sie nichts mehr an? Was die Hebammen bei der Geburt sind, sollten die Sterbebegleiter beim Tod sein: Helfer und Berater. Sie könnten dann auch die Angehörigen in allem, was in der Folge zu tun ist, beraten.

Die professionellen Bestatter wären damit weitgehend überflüssig.

Solche Gedanken behalte ich normalerweise natürlich für mich, weil ich keinen Wert darauf lege, mich in der Innung unbeliebt zu machen.

Außerdem wird es immer Leute geben, die froh sind, wenn ihnen alles abgenommen wird, was mit einem Todesfall zusammenhängt.

Gesetzt den Fall, die Entwicklung verliefe nach meinen Vorstellungen und es gäbe nicht mehr genug zu tun für die Bestatter, dann möchte ich selbst aber nicht Sterbebegleiterin werden.

Ich würde mich darauf spezialisieren, Kindern das Thema Abschied so natürlich wie möglich näher zu bringen. Ein Bericht im Fernsehen, der Clowns bei ihrer Arbeit in Krankenhäusern zeigte, hat mich sehr beeindruckt. Der Schwerpunkt der Sendung lag bei ihren Auftritten in der Kinderkrebsstation, und es war anrührend zu sehen, wie glücklich die Kinder über ihre Scherze waren.

Lebensfreude hilft den Menschen und tröstet sie oft über Schmerzen hinweg.

Dicki, der Trauerhelfer

Mein kleiner vierbeiniger Assistent Dicki ist mir eine wichtige Hilfe, wenn es darum geht, Trauernde aus ihrem schwarzen

Loch zu reißen. Im Abbauen von Hemmschwellen ist er ganz groß, wie damals bei dem kleinen Nicolas, der seinen Vater verloren hatte.

Er handelt aus dem Bauch heraus und folgt seinem eigenen Instinkt; er ist ein Naturtalent im Trösten.

Einmal saß eine Frau bei mir, die, anders als die meisten, nicht den Zwang fühlte, sich zusammenzureißen. Sie erzählte von ihrem verstorbenen Mann und weinte dabei ohne Unterlass. Nach kurzer Zeit stand Dicki von seinem Platz auf und näherte sich meiner Besucherin. Er setzte sich neben ihren Stuhl, lehnte sich an ihr Bein und sah zu ihr hinauf.

Zunächst erschrak sie ein wenig, weil sie nicht mit ihm gerechnet hatte. Dann mischte sich ein Lachen in ihre Tränen, und sie verstand sofort, dass er sie trösten wollte. Als sie Dicki streichelte, gähnte er und gab einen entspannten Laut von sich.

»Er ist wohl schon ganz müde von den vielen traurigen Menschen, die er den ganzen Tag sehen muss«, sagte die Frau.

Sie nahm seine Heiterkeit auf und weinte nicht mehr; ihr Interesse hatte sich dem Hund zugewandt.

»Der ist noch sehr jung, oder?«

»Das sieht nur so aus«, antwortete ich. »Seine dicken Dackelpfoten lassen ihn ewig jung erscheinen. Und sein lustiges Aussehen ist das Erbe eines Mini-Schnauzers in seiner Ahnenreihe.«

»Er gibt mit seinem schwarzen Fell einen richtigen Kontrast zu Ihren farbenfrohen Särgen ab.«

Dicki ist eine Art Katalysator, der seine Heiterkeit ungehemmt und natürlich einbringt, ohne die Trauer zu schmälern.

Ich bin zu ihm gekommen wie die sprichwörtliche Jungfrau zum Kind.

Eines Nachmittags saß ich wie immer in meinem Bestattungsinstitut und schrieb Rechnungen. Diese Tätigkeit wird selbst in meinem Bekanntenkreis als ziemlich anrüchig empfunden. Eine Bestatterin, die auch noch bezahlt werden will – das grenzt doch wohl an Leichenfledderei!

Die Floristen und Redner bekommen da schon eher ein Lob für eine schöne Arbeit. Wie haben sie es nur geschafft, ihr gutes Image zu erlangen, obwohl mir ihre Rechnungen auf dem Tisch liegen?

Ich schenkte mir eine Tasse Kaffee ein (bis zu diesem Tag das einzige Schwarze in meinem Geschäft), als die Tür geöffnet wurde und mein Nachbar Klaus eintrat.

An einem sehr improvisierten Strick führte er einen kleinen, schwarzen Dicki auf noch sehr wackligen Beinen herein. Sein Fellanzug schien dem jungen Hund noch zu groß; er schlackerte um ihn herum. Mein Herz flog dem Kleinen sofort zu. Dicki ging es wohl genauso, denn er setzte sich mitten in den Raum und produzierte unbefangen eine Pfütze. Während ich einen Scheuerlappen aus der Küche holte, taperte er zu den Särgen und beschnüffelte interessiert das gelbe Modell mit den blauen Griffen.

»Du, Claudia… also, ich kann den nicht behalten. Ich weiß nicht, was ich machen soll. Der verträgt sich nicht mit meinem andern. Kannst du den nicht nehmen? Bei dir hätte er es doch gut? Und seriös genug ist er mit seinem schwarzen Fell doch auch?!«

»Wo denkst du hin! Der würde mir doch mein buntes Konzept kaputtmachen«, alberte ich. »So kämen durch die Hintertür alte Traditionen zurück.«

Als Dicki eine herzförmige Urne in rotem Plüsch als Spielzeug anvisierte, nahm ich ihn auf den Arm, und er fing an, mein Gesicht abzuschlappern. Es war besiegelt! Er sollte bleiben.

Ich schob Klaus schnell aus der Tür, bevor ich es mir anders überlegen konnte, und er brachte mir umgehend Dickis Hab und Gut.

Dicki fühlte sich sichtlich wohl und gab tatsächlich einen guten Kontrast ab zu all den Farben im Bestattungsinstitut. Fortan wurde er zum Ausweis meiner »Seriosität«; er provoziert aber auch viele Leute zu mehr oder weniger gelungenen Scherzen.

Mein Fensterputzer fragte mich eines Tages sehr ernst: »Sagen Sie mal, ich dachte, Sie haben eher ein buntes Konzept?!«

Ich war irritiert, denn er sah mich an, als hätte er mich bei einer Lüge ertappt.

»Doch, doch, das stimmt schon«, sagte ich. »Warum?«

Inzwischen hatte ich bereits gemerkt, dass er einen Witz machen wollte.

»Na, wieso hat dann der Kleene hier einen schwarzen Anzug an?«

Er lachte laut los und schlug sich dabei mit dem Fensterleder auf die Schenkel.

Jetzt hatte ich Lust, *ihn* hochzunehmen. Mit Grabesmiene sagte ich: »Finden Sie solche Scherze nicht pietätlos?«

»Na, nein, ja, doch – bitte vielmals um Entschuldigung. War ja nicht so gemeint.«

Er hatte blitzschnell die trübselige Miene aufgesetzt, die er für angemessen hielt, und ich bog mich vor Lachen. Verdattert stand er auf seiner Leiter und wusste nun überhaupt nicht mehr, was für ein Gesicht er machen sollte.

Ein Sarg in der Wohnung

Eine Frau rief mich an und vereinbarte mit mir einen Termin für einen Vorsorgevertrag.

»Mein Name ist Martina Clemens. Ich leide an Multipler

Sklerose und kann nicht mehr laufen«, sagte sie. »Ich muss also einen genauen Termin haben, weil mich ein Fahrdienst hinbringt und wieder abholt.«

Ich lernte eine sehr attraktive und resolute Frau kennen, ungefähr vierzig Jahre alt. In ihrem Gesicht war keine Spur von Traurigkeit. Sie widerlegte den verbreiteten Glauben, dass ein sterbenskranker Mensch seine Attraktivität und Lebensfreude verliert.

Als wir uns begrüßten, sagte sie mit einem Lachen: »Alles so schön bunt hier. Bei Ihnen bin ich genau richtig!«

Sei begann sofort zu erzählen: »Ich bin Lehrerin. Bis vor zwei Jahren habe ich noch unterrichtet, dann ging es nicht mehr. Mein Beruf fehlte mir zuerst sehr, aber dann beschloss ich, in meiner Wohnung Nachhilfeunterricht zu geben.«

»Und jetzt kommen die Kinder zu Ihnen statt umgekehrt. Das hat doch was!«

Frau Clemens lachte: »Genau. Es amüsiert mich, dass sie mir nun sozusagen nachlaufen müssen.«

Dann holte sie eine Mappe aus ihrer Tasche und gab sie mir: »Sehen Sie, ich habe ganz genau beschrieben, wie ich mir meine Beerdigung vorstelle.«

Alles war so akkurat dokumentiert, wie ich es bei einer Lehrerin erwartet hatte. Sie gab mir den Entwurf einer Traueranzeige und eine Liste von Freunden und Verwandten, denen ich dann später die Karten zusenden sollte.

»Am liebsten wäre es mir, wenn ich einen Freund oder eine Freundin überreden könnte, die Trauerrede zu halten. Wenn nicht, bestellen Sie bitte einen Redner.«

Sie bestimmte, dass keiner der Gäste Blumen für sie mitbringen sollte.

»Ich will es andersrum haben. Auf meinem Sarg soll ein sehr großes, bunt gemischtes Blumengesteck liegen, und jeder soll sich nach der Zeremonie eine Blume daraus mit nach Hause nehmen.«

Ihre Musikwünsche hatte sie bereits mit einem Freund besprochen.

»Ich habe ihm schon zwei CDs der Rolling Stones gegeben, damit er die Musik zusammenstellen kann.«

Frau Clemens sprach so lebendig über den Ablauf ihrer Beerdigung, dass die Trauer über ihr Sterben fast in den Hintergrund trat. Sie strahlte eine gelassene Weisheit aus, die wahrscheinlich nur durch einen schweren Leidensweg zu erreichen gewesen war.

Dann kam sie auf einen »kuriosen« Wunsch zu sprechen:

»Ich möchte einen blau lackierten Sarg, und zwar soll er schon zu Lebzeiten bei mir in der Wohnung stehen.«

Sie legte mir eine Farbkarte auf den Tisch, damit wir unserem Lackierer den genauen Blauton weitergeben konnten.

»Wahrscheinlich halten Sie mich jetzt für verrückt«, sagte sie lächelnd, »aber ich möchte mich schon jetzt mit dem Möbel anfreunden und es vielleicht vorläufig zum Aufbewahren von alltäglichen Gegenständen nutzen.«

Ihr Wunsch verblüffte mich tatsächlich ein wenig; ich setzte mich zwar jeden Tag mit dem Tod auseinander, aber einen Sarg würde ich nie in meiner Wohnung haben wollen. Mir wurde aber klar, dass ich immer nur sehr theoretisch über meinen eigenen Tod nachdenke und nicht, weil mich eine tödliche Krankheit wirklich dazu zwingt.

»Ich habe ein recht schlechtes Verhältnis zu meinen Eltern«, fuhr sie fort, »und fürchte, dass sie meine Wünsche nicht berücksichtigen werden, wenn ich nicht eine Erklärung bei Ihnen hinterlege. Ich war nie verheiratet, und so wären meine Eltern als unmittelbare Erben berechtigt, die Beerdigung nach ihrem eigenem Geschmack zu gestalten. Dann würde ich auf gar keinen Fall einen blauen Sarg bekommen; da ist meine Familie viel zu konservativ.«

Meine Vorsorgekundin wollte nichts dem Zufall überlassen.

»Eine Mappe mit Testament, Patientenverfügung und Vollmachten habe ich bereits einer guten Freundin übergeben, die sich nach meinem Tod um alle formellen Dinge kümmern will. Sie ist meine Vertrauensperson und wird sich meinen Eltern widersetzen, sollten sie trotz meiner Vorsorge etwas an der Art der Bestattung ändern wollen.«

Die Zeit war um, der Fahrdienst kam, um sie abzuholen, und wir verabschiedeten uns sehr herzlich.

Ich gab meinem Lackierer den Auftrag, und zwei Wochen später lieferten wir den hochglänzenden blauen Sarg in die Wohnung von Martina Clemens.

Sie kam im Rollstuhl an die Tür, um uns zu öffnen, und begrüßte mich freundlich.

»Ich habe mich auf diesen Augenblick sehr gefreut«, sagte sie. »Ich bin richtig neugierig, wie es sich anfühlen wird, meinen eigenen Sarg bei mir zu haben.«

Sie lebte in einer sehr großen Berliner Altbauwohnung, und in einem Gästezimmer hatte sie eine Ecke frei geräumt, in der nun ihr Sarg stehen sollte.

Mit seinem schönen Blau wirkte er tatsächlich wie eine Truhe und hatte nichts Bedrückendes an sich.

»Sie fragen sich wahrscheinlich, warum dieser Sarg mir so wichtig ist«, sagte sie lächelnd. »Aber jetzt bin ich wirklich beruhigt und fühle mich sicher, dass meine Eltern nichts mehr ändern werden. Dieser Sarg ist für mich eine Art Siegestrophäe, weil ich mich mit ihm gegen all die Konventionen und Traditionen, an denen meine Eltern kleben, durchgesetzt habe. Das ist vielleicht kindisch, aber ich genieße diesen Triumph.«

Humor als Hilfe zum Überleben

Ich verstand, dass auch Humor ein sehr wichtiger Helfer zum Bewältigen der Trauer sein kann und einen Menschen befähigt, seine eigene Sterblichkeit zu begreifen und zu akzeptieren oder nach dem Tod eines Angehörigen weiterzuleben. Lachen als Schutzfunktion, um die Trauer dosiert zu verarbeiten.

Die Angst vor der riesigen traurigen Welle, die einen Menschen ertrinken lassen könnte, kann durch Humor gemildert werden.

Jeder kennt wohl diese besonders harten Schläge im Leben, nicht nur den Tod, die einen zunächst fassungslos lachen lassen. Dieses Lachen kann ganz plötzlich in Weinen umschlagen. Viele Angehörige entschuldigen oder schämen sich für ihr Lachen, wenn sie mit mir über die Beerdigung eines nahen Menschen sprechen. Aber der Besuch bei einem Bestatter erscheint ihnen eben völlig absurd. Die meisten Menschen werden unvorbereitet mit einem Todesfall konfrontiert und können erst langsam begreifen, dass ein neuer Abschnitt ihres Lebens beginnt. Die schmerzhafte Verwandlung könnte mit Humor überstanden werden.

Vielleicht können wir schon im Leben versuchen, einen humorvollen Abschied zu üben.

Schließlich müssen wir uns immer wieder von eigenen Lebensabschnitten verabschieden und sind trotzdem auf die Zukunft neugierig.

Der Abschied von der Kindheit ist qualvoll; die Pubertät, ein Tal der Tränen, der Pickel und Selbstzweifel, muss durchschritten werden, bevor der junge Erwachsene sich von den Eltern lösen kann.

Der dreißigste Geburtstag markiert dann den Abschied von der Jugend, und die erste Trauerzeremonie ist fällig. Wir wundern uns zum ersten Mal, wie schnell die Zeit vergeht, und die ersten Ängste vor dem Altwerden tauchen auf. Aber kein Mensch, den ich kenne, möchte wirklich zurück in die Kindheit.

Es gibt im Leben keine Möglichkeit, einen Abschied zu umgehen.

Das Leben zu bejahen bedeutet auch, den Tod zu akzeptieren. Er ist eine Bedingung: »Wenn du auf diese Welt möchtest, musst du irgendwann auch sterben.«

Wenn man sich dessen bewusst ist, muss man seinen eigenen Humor bei einem Todesfall nicht unterdrücken oder verleugnen. Man würde damit auch all die schönen und einmaligen Geschichten, die man erlebt hat, verleugnen. Die Bedingung würde hier lauten: »Wenn du traurig bist, weil du einen Menschen verloren hast, musst du dich auch darüber freuen, dass du ihn getroffen hast.«

Jahre nach dem Tod meiner Mutter suchte mir meine Freundin Cora mein chinesisches Sternbild aus einem Buch heraus. Sie war Expertin in Sachen Astrologie und lebte in dieser Welt der Sternzeichen. Ich bin »Feuerpferd«, und sie las mir alle Eigenschaften dieses Zeichens vor. Plötzlich stockte sie so merkwürdig und wollte einen Absatz übergehen: »Bla Bla Bla, das ist nun wirklich unwichtig.«

»Komm, mach schon«, sagte ich. »Ich will alles hören.«

»Nein, das ist zu lang; ich lese dir nur das Wesentliche vor.«

Da schnappte ich ihr das Buch aus der Hand und las, dass man in der chinesischen Tradition die Feuerpferde nicht so gerne sah, und Geburten, die in diesem Zeichen standen, verhindern wollte, »da Feuerpferde Unglück über ihre Familien bringen«.

Ich lachte und fragte Cora, warum sie sich so komisch angestellt hatte.

»Na ja, wegen deiner Geschichte eben«, sagte sie etwas verlegen.

Ich spürte die mitleidige Schonung heraus, die mir so verhasst war, und provozierte Cora:

»Na siehst du, da hast du doch den Beweis, dass auch ein europäisches Feuerpferd Unglück über seine Familie bringen kann.«

»Claudia!!!!!«

Dieser Entrüstungsschrei nervte mich so, dass ich ihr die Geschichte erzählte, wie Mamas Galgen gebaut worden war.

»Du weißt, dass ich Mamas Freund nicht ausstehen konnte; aber als er mir anbot, mir ein Hochbett zu bauen, war ich sofort dabei. Wie fuhren zusammen zum Baumarkt, und ich suchte die Lasur aus, mit der ich das Bett streichen wollte. Auch beim Bau durfte ich mitmachen, und ich schlug die Sprossen in die Holme. Mama versorgte uns auf unserer Baustelle mit Broten und Getränken. Als das Werk vollendet war, haben wir es gemeinsam gefeiert. Und später hat sie sich an der Leiter aufgehängt, die ich selbst gebaut habe.«

Über diese Tatsache war ich nur langsam und mit viel Galgenhumor hinweggekommen.

»Ich weiß auch, warum du das nicht vorgelesen hast«, sagte ich zu Cora. »Weil du daran glaubst, deswegen. Das finde ich lächerlich.«

Ich hasse es, wenn ich wie eine Kranke behandelt werde. In solchen Situationen kann ich sterbenskranke Menschen verstehen, die es nervt, bemitleidet oder gemieden zu werden. Auch in ihrem Leben gibt es noch viel Freude.

Ich erzähle kaum je etwas aus meinem oder Mamas Leben, weil mir dieses ewige »Das ist ja furchtbar« auf den Wecker fällt. Nur Menschen, die etwas Ähnliches erlebt haben, reagieren richtig. Sie stellen Fragen, und wenn sie in einen Fettnapf getreten sind, dann entschuldigen sie sich einfach.

Ein rätselhafter Besuch

Ich saß an meinem Schreibtisch und beobachtete durchs Schaufenster ein junges Paar, das draußen diskutierte. Die Frau wollte offensichtlich in den Laden kommen, der Mann war aber nicht begeistert von dieser Idee.

Schließlich traten sie doch ein.

»Was kann ich für Sie tun?«, fragte ich nach der Begrüßung.

Die beiden waren ungefähr in meinem Alter. Der junge Mann schien entschlossen, sich aus der Sache herauszuhalten, und die Frau wusste nicht recht, wie sie anfangen sollte.

»Ich möchte mich eigentlich nur informieren«, sagte sie schließlich.

»Geht es nur um Vorsorge, oder rechnen Sie mit einem Todesfall?«, fragte ich, um der Sache ein bisschen näher zu kommen.

»Weder noch. Ich will nur vorbereitet sein.«

Sie war elegant gekleidet und in Auftreten und Redeweise sichtlich darauf bedacht, Distanz zu wahren. Nach einigem Zögern stellte sie sich vor: »Ich heiße Carolin.«

»Geht es um Sie, Carolin?«, fragte ich. »Sind Sie krank?«

»Nein, nein«, wehrte sie ab. »Ich möchte nur vorbereitet sein.«

Nach zehnjähriger Berufserfahrung wusste ich, dass es immer einen Grund gab, wenn jemand sich mit dem Tod auseinander setzen wollte. Aber ich wollte nicht in sie dringen, sondern es ihr überlassen, worüber sie reden wollte. Also fragte ich ganz harmlos: »Was möchten Sie denn genau wissen?«

»Ich möchte nur vorbereitet sein«, wiederholte sie. »Was

ist denn beispielsweise zu tun, wenn ein Mensch zu Hause stirbt?«

»Das hängt von den Umständen ab«, erklärte ich. »Wenn jemand schon lange krank war, gibt es meist einen Hausarzt, der sich in der Krankengeschichte auskennt. Den ruft man im Todesfall an. Er beschreibt dann im Totenschein die genaue Todesursache und bestätigt, dass es sich um einen natürlichen Tod handelt. Danach haben Verwandte und Freunde bis zu drei Tagen Zeit, um zu Hause Abschied zu nehmen. Erst dann muss ein Bestatter informiert werden, der den Verstorbenen bis zur Beerdigung bei sich unterbringt.«

»Das wusste ich nicht, dass ein Toter drei Tage zu Hause bleiben kann«, sagte Carolin überrascht. »Und wie ist es bei einem plötzlichen Tod, zum Beispiel durch Herzinfarkt oder Schlaganfall?«

»Da wird in der Regel ein Notarzt gerufen, der dazu verpflichtet ist, die Kripo einzuschalten. In solchen Fällen muss sichergestellt werden, dass der Tod nicht durch fremde Hand eingetreten ist. Da ein Notarzt aber die Krankengeschichte des Verstorbenen nicht kennt, muss er die Todesursache als unbekannt angeben. Daraufhin kommen die Verstorbenen meist direkt in den gerichtsmedizinischen Dienst, wo ein Arzt die Todesursache feststellen muss.«

Carolin war sichtlich interessiert, stellte aber keine Fragen. Also sprach ich einfach weiter.

»In solchen Fällen kann man nicht mehr in der eigenen Wohnung Abschied nehmen. Besonders schlimm ist das natürlich für Eltern, wenn sie ein Kind durch einen plötzlichen Tod verloren haben. Die Polizei muss den Raum sperren, um ihre Ermittlungen durchführen zu können, und so können die Eltern ihr Kind nicht noch einmal in den Arm nehmen. Der Leichnam wird beschlagnahmt und erst nach den Untersuchungen von der Staatsanwaltschaft für die Beerdigung freigegeben.«

»Aha«, sagte Carolin nur. Und dann kam sie allmählich auf die Dinge zu sprechen, die sie wirklich wissen wollte.

»Wann tritt denn die Leichenstarre ein? Und wann vergeht sie wieder? Kann man aufgrund der Leichenstarre erkennen, wie lange ein Mensch schon tot ist?«

Ich musste lachen. Diese Fragen hatten mich noch nie interessiert.

»Wollen Sie Medizinerin werden?«, fragte ich. »Oder sind Sie Dr. Quinn, die Ärztin aus Leidenschaft? Aber im Ernst: Wenn Sie einen Toten auffinden, merken Sie sofort, ob er gerade eben gestorben ist oder schon vor längerer Zeit.«

Ich kam aufs Abschiednehmen und auf Trauerzeremonien zu sprechen, merkte aber schnell, dass das nicht ihr Thema war. Also fragte ich: »Wovor haben Sie am meisten Angst, wenn Sie an den Tod denken?«

Sie blickte kurz zu ihrem Freund und sagte dann ein bisschen von oben herab: »Ich habe keine Angst.«

»Darf ich fragen, welches Sternbild Sie sind?«, fragte ich.

Sie war überrascht und wollte nicht mit der Sprache heraus. Aber ich sah sie so lange an, bis sie antwortete: »Widder.«

Widder haben also keine Angst vor dem Tod? Dann möchte ich im nächsten Leben bitte Widder werden!

Mich interessierte ihr Sternbild nicht wirklich; ich wollte nur mit einer simplen, oberflächlichen Frage herausfinden, ob Carolin ohne Probleme über spirituelle Dinge sprechen konnte. Aber sie war nicht bereit, irgendetwas Persönliches preiszugeben. Sie hatte sich streng unter Kontrolle.

»Was ist denn Leichengift?«, wollte sie als Nächstes wissen. Auch das war ein Thema, mit dem ich mich noch nicht näher befasst hatte. Das Einzige, was ich wusste, war, dass ein Mensch nicht gleich nach dem Tod giftig wurde. Um Carolin weiterzuhelfen, rief ich eine Amtsärztin beim Gesundheitsamt an. Sie erklärte es uns anhand eines plausiblen Beispiels: »Ein

Tier, das gerade geschlachtet worden ist und beim Metzger in der Auslage liegt, ist nicht giftig. Das Fleisch wird erst nach einiger Zeit ungenießbar. Eiweiße zersetzen sich, und das ergibt eben auch jene unschönen Gerüche.

Gefahr besteht nur, wenn der Tote an einer akut ansteckenden Krankheit gestorben ist, die auch nach dem Tod noch übertragen werden kann. Diese Krankheiten sind in einem Seuchenregister erfasst.«

Die Angst, dass aus jedem Toten Leichengifte strömen könnten, war ein Überrest aus einer Zeit, in der die Menschen an der Pest oder den schwarzen Pocken starben.

Jetzt kam Carolin doch wieder auf ein früheres Thema zurück.

»Was soll man denn also tun, wenn zum Beispiel ein Kind regungslos im Bett liegt und nicht mehr atmet?«

»In so einem Fall wird man wohl immer hoffen, das Leben noch retten zu können, und man wird nicht die Kripo oder den Bestatter anrufen, sondern den Notarzt. Da reagiert man ganz instinktiv richtig.«

Nach zwei Stunden sah Carolin auf die Uhr und sagte: »Schade, aber wir müssen gehen. Darf ich wieder einmal herkommen?«

»Jederzeit«, sagte ich. »Ich würde mich freuen.«

Sie gingen, und ich bedauerte, dass ich Carolin nicht geschildert hatte, was für mich der einzig richtige Weg war, sich auf den Tod vorzubereiten. Die Anwesenheit ihres Freundes hatte mich gehemmt, weil ich ja nicht wusste, wie die beiden zueinander standen.

Wir spielen das oft unter Freunden: »Stell dir vor, ich würde in den nächsten Minuten sterben. Was müsstest du mir im Angesicht des Todes Wichtiges sagen?«

Denn die nicht gesagten Dinge schmerzen, wenn jemand stirbt. Man erstickt immer an dem, was man nicht gesagt oder gelebt hat. Nie an dem, was einem angetan wurde. Man erstickt auch an einem nicht gesagten Auf Wiedersehen.

Carolin kam nicht wieder. Sie brachte es wohl nicht über sich, mich in ihre Geschichte, die sie so sorgfältig verborgen hielt, einzuweihen.

Ich habe noch oft darüber nachgegrübelt, was wohl ihr Geheimnis war.

Eine Mumie im Wohnzimmer?

Ich bin an allerhand eigenwillige Wünsche gewöhnt, aber manchmal gibt es doch noch echte Überraschungen.

Eines Abends machte ich einen Waldspaziergang mit Dicki. Ich hatte Notdienst und war wie immer mit meinem Handy ausgerüstet.

Ein älterer Mann rief mich an: »Hier Karmann. Meine Frau ist gestern zu Hause gestorben; sie ist bereits abgeholt worden. Ich wüsste gern, was Sie für die verschiedenen Bestattungsformen verlangen.«

Ich wunderte mich darüber, dass er einen Bestatter beauftragt hatte, seine Frau abzuholen, sich aber auch noch bei mir nach den Preisen erkundigte. Ich gab ihm aber trotzdem Preise in durchschnittlicher Höhe an.

»Ich danke Ihnen«, sagte er. »Ich melde mich morgen wieder.«

Wie besprochen, rief mich Herr Karmann am nächsten Tag im Büro an.

»Welche Art der Bestattung wünschen Sie?«, fragte ich als Erstes. »Erd- oder Feuerbestattung?«

»Keins von beiden«, antwortete er.

»Dann also eine Beisetzung auf See?« Das kam ziemlich selten vor.

»Um Himmels willen, nein!« Es klang fast entrüstet.

»Aber eine andere Möglichkeit gibt es nicht«, erklärte ich.

»Was haben Sie sich denn vorgestellt? Eine Überführung ins Ausland?« Er druckste noch ziemlich lang herum, bevor er endlich zur Sache kam:

»Ich bin früher Tierpräparator gewesen, und ich frage mich, ob es nicht möglich ist, einen Menschen – eben meine Frau – bei sich zu behalten.«

Mich durchfuhr ein Schreck; ich hatte mit allem Möglichen gerechnet, aber damit nicht. Ich bekam für einen Moment Angst vor dem Mann, mit dem ich da sprach, und versuchte mir vorzustellen, wie er wohl aussah. Seine Stimme klang, als wäre er alt und gebrechlich.

Der Gedanke daran, dass seine Frau, lebensecht präpariert, zu Hause in ihrem Lieblingssessel sitzen würde, erinnerte mich wieder an jene Gruselfilme, die Alpträume auslösen können.

Wollte er weiter mit seiner Ehefrau zusammen sein und womöglich so tun, als lebte sie noch? Würde er sich mit ihr unterhalten wollen?

Ich dachte an den amerikanischen Brauch, Menschen für eine Beerdigung wie Schlafende zu präparieren. Man hat in Amerika ja auch schon angefangen, Verstorbene einzufrieren, bis ein Mittel gefunden würde, sie wieder aufleben zu lassen.

Die Toten im Leben behalten wollen, sie nicht loslassen können! Auch in unserer Kultur reden wir oft von dem Entschlafenen, nicht von dem Verstorbenen. Mit Hilfe solcher Schönfärberei versucht man sich an der Realität vorbeizumogeln. Wer schläft, kann ja wieder erwachen.

Ich blieb sachlich und ruhig und zog auch die Möglichkeit in Erwägung, dass mir ein Streich gespielt wurde.

»Tut mir wirklich Leid«, bedauerte ich. »Da kann ich Ihnen nicht helfen. Das ist in Deutschland nicht möglich.«

Claudia Marschner bei der Arbeit in ihrem hellen
Bestattungsinstitut.

Der kleine vierbeinige Trauerassistent Dicki. Er ist der Einzige im
Unternehmen, der schwarz trägt.

Die Erdbeerurne: »Meine Erdbeere wurde von Passanten bewundert, angelacht und ausgelacht...«

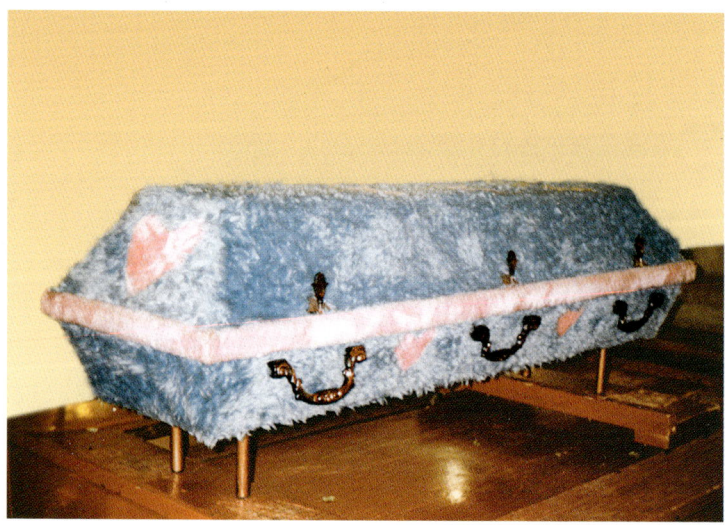

Der Plüschsarg – ein Sarg zum Anfassen: »Das ist der erste Sarg, zu dem ich Pflegetipps mitgeliefert bekomme.«

Eine Plüschurne: »Vielleicht konnte Plüsch dazu verhelfen, freundliche
Gedanken an den Tod zu hegen und Berührungsängste zu mildern?«

Der Grassarg: »Jeden Tag staunte ich darüber, wie ein nackter, eher hässlicher
Sarg sich mit einem wunderschönen Kokon aus Gras umgab. ...
Alle waren begeistert von diesem Sarg, der zu leben schien und dem Tod
seinen Schrecken nahm.«

Ich erinnere mich an eine Geschichte, die ich über afrikanische Bestattungsriten gelesen habe. Es gibt Stämme, bei denen die Toten in eigens dafür bestimmte Baumhäuser gebracht werden, und erst wenn der Körper skelettiert ist, wird er begraben. Viele Naturvölker gehen davon aus, dass die Seele diese Zeit braucht, um den Körper zu verlassen.

Auch bei uns gibt es den Glauben, dass die Seele aus dem Körper weichen muss. Früher gab es die streng eingehaltene Totenwache über drei Tage. Der Tote wurde auf seinem Weg ins Jenseits nicht allein gelassen. Man stand ihm bei.

Der feste Glaube an die Seele und ihr Weiterleben ist in einer Großstadt wie Berlin in den Hintergrund getreten. Der Wunsch nach einer Totenwache und die Zeit für einen dreitägigen Abschied scheinen zu fehlen. Eine Tendenz, die uns zu diesem Ritual zurückführt, ist allerdings spürbar.

Statt der Rituale dominiert ein dickes Buch über Bestattungsgesetze. Eines davon besagt, dass ein Verstorbener nicht mehr in private Räume gebracht werden darf, wenn er in einem Krankenhaus gestorben ist. Somit ist ein Abschied in der eigenen Wohnung nur möglich, wenn der Tod zu Hause eingetreten ist. Es handelt sich um eine Ausnahme, die der Gesetzgeber einräumt.

Die Geschichte des Tierpräparators zog sich noch einige Tage hin. Herr Karmann rief immer wieder an: »An welche Behörde kann ich mich wenden? Irgendeinen Weg muss es doch geben!«

Der Bestatterkollege, der die Leiche abtransportiert hatte, rief ebenfalls bei mir an; auch er wurde hartnäckig bedrängt und wusste sich keinen Rat mehr.

Ich habe die Beerdigung nicht durchgeführt und weiß nicht, welches Ende diese Geschichte genommen hat, aber mir wurde im Lauf der Zeit klar, dass der alte Mann wohl seine Frau einfach nicht loslassen konnte. Er machte auf mich nicht den

Eindruck eines Verrückten. Vielleicht war ihm einfach der Gedanke, seine Frau in ein Grab legen zu lassen und Erde auf sie zu werfen, unerträglich. In seiner Gedankenwelt lebte sie noch, und er hatte vielleicht das Gefühl, sie lebendig begraben zu müssen.

Vielleicht hatten die beiden vierzig oder fünfzig Jahre zusammengelebt, hatten alles miteinander geteilt und sich niemals getrennt?

Nach diesem Ereignis dachte ich über Pietät und Ehrfurcht vor einem Toten viel nach, und zunächst erschien mir die Geschichte des Mannes sehr skurril. Ich glaube, es ist heilsamer, einen Menschen gehen zu lassen und seinen Körper zu verabschieden, aber ich hatte nicht den Eindruck, dass der Mann pietätlos war oder keine Ehrfurcht vor dem Tod hatte. Es ging ihm nur darum, seine Frau bei sich behalten zu können.

Ein übler Streich

Wie die Grenzen von Pietät und Ehrfurcht grob verletzt werden, wurde mir durch einen makabren Streich verdeutlicht.

Ich erhielt einen Anruf; eine aufgeregte Stimme sagte:

»Hier ist Frau Schmidt. Bitte kommen Sie schnell. Meine Nachbarin ist gestorben.« Sie gab mir die genaue Anschrift und auch die Telefonnummer der angeblichen Sterbewohnung.

Ich spürte, dass keine Frau am Telefon war, sondern ein Mann, der seine Stimme verstellte, und war verunsichert. Es fiel mir kein Freund ein, der mir einen solchen Streich hätte spielen wollen. Auch konnte ich die Stimme keinem Bekannten zuordnen.

»Würden Sie bitte Ihren Namen noch einmal wiederholen«, bat ich.

»Frau Schmidt.«

»Wie heißt denn der Arzt, der den Totenschein unterschrieben hat?«, fragte ich.

»Moment, ich schaue nach … Tut mir Leid, den Namen kann man nicht lesen.«

»Können Sie mir den Zeitpunkt des Todes angeben?«, forschte ich weiter und bekam einen genauen Sterbezeitpunkt genannt. Ich notierte mir alles.

»Wir kommen sofort«, sagte ich schließlich. »In einer Stunde etwa sind wir da.«

Intuitiv spürte ich, dass das alles nicht stimmte, ich blieb aber unsicher, weil ich mir nicht vorstellen konnte, dass irgendein Mensch so etwas lustig fand.

Nachdem ich jahrelang die unterschiedlichsten traurigen Stimmen gehört hatte, hatte ich ein besonderes Gefühl dafür entwickelt, und ich kam zu der Erkenntnis, dass es sich um einen schlechten Scherz handeln musste.

Ich rief also den Anschluss der angeblichen Sterbewohnung an, und es meldete sich eine ältere Dame mit deutlichem Akzent: »Hier Czerwenka.«

»Hier Claudia Marschner. Man hat mich informiert, dass in Ihrer Wohnung jemand gestorben ist.«

Frau Czerwenka brach in Tränen aus.

»Ich werde seit Monaten schikaniert. Ein Mann aus unserem Haus hinterlässt immer wieder ausländerfeindliche Drohungen auf meinem Anrufbeantworter. Einmal hat er schon die Feuerwehr in meine Wohnung bestellt, ein anderes Mal hat er mich bei der Polizei angezeigt, weil meine Wohnung ein Treffpunkt von Drogenhändlern sei.«

»Und Sie wissen, wer es ist? Haben Sie schon Anzeige erstattet?«

»Ja, aber es ist noch nichts geschehen.«

»Beruhigen Sie sich«, bat ich. »Ich werde den Vorfall bei der Polizei zu Protokoll geben.«

Frau Czerwenka notierte sich meine Daten und bedankte sich für meine Hilfe. Sie war so eingeschüchtert und vor allem so beschämt über die ganze Geschichte, dass sie sich auch noch bei mir entschuldigte.

Und so kam es, dass ich mich bald in einem nüchternen Amtszimmer der Kriminalpolizei wiederfand.

Die Bestatterin musste sich aus diesem Anlass außerhalb ihrer Arbeitszeit Gedanken über Pietät machen. Kein Todesfall, sondern ein Lebensfall brachte mich dazu.

Ein Beamter spielte mir die Bänder des Anrufbeantworters vor und ich erkannte jene schlecht verstellte Stimme sofort wieder.

Unbeschreiblich wüste Beschimpfungen kamen mir aus dem Recorder entgegen, und ich dachte nur: »Hoffentlich passiert mir das nie!«

Hier sprach ein wahrhaft kranker Mensch Drohungen aus, die jeden Horrorfilm übertrafen. Aber es handelte sich nicht um absurde Phantasie in der Welt der Toten, sondern um die böse Realität in der Welt der Lebenden.

Wellensittiche im Himmel

Was ist Pietät? Das sind so Fragen, auf die man eine klare Antwort sucht und bei denen man nur in einen Schwamm greift. Sie können einen durcheinander bringen. Ich habe keine eindeutige Antwort. Das Lexikon gibt folgende Auskunft:

Pietät – Frömmigkeit, Ehrfurcht, Achtung (besonders gegenüber Toten)

Das ist nicht konkret genug, um wirklich weiterzuhelfen.

Seit ich meiner Mutter ihren Selbstmord verziehen habe, stelle ich mir vor, dass sie in weißen Gewändern über die Himmelswiese wandelt und Sabine und mich durch ein Fernrohr beobachtet. Wenn uns Gefahr droht, kann Mama uns einflüstern, wie wir sie vermeiden können. Ganz schön kindlich, ich weiß. Und dass das Jenseits oben ist, eben im Himmel, und nicht irgendwo, ist auch so ein Überrest aus der Kindheit. Genauso die Gewissheit, dass auch Tiere in den Himmel kommen.

Als ich etwa sieben oder acht Jahre war, bekamen Sabine und ich Wellensittiche. Zwei, damit es keinen Streit gab, und zwar die Klassiker in Grün und Blau. Hansi und Bubi wurden sehr vertraute Familienmitglieder und lustige Spielkameraden für uns. Sabine und ich waren für die Versorgung der Vögel zuständig und übernahmen damit zum ersten Mal Verantwortung für etwas Lebendes.

Eines Nachmittags kamen wir aus der Schule und Oma begrüßte uns auffallend liebevoll. Auch Mama war schon da; sie hatte sich früher von der Arbeit frei gemacht. Auf dem Tisch standen zwei Teller mit Süßigkeiten, viel zu üppig für einen normalen Tag. Das alles signalisierte ein schlechtes Gewissen.

Sabine und ich sahen uns an, wir wussten: Hier ist etwas faul. Es dauerte eine Weile, bis uns auffiel, das nur noch Hansi durch die Wohnung flog.

Oma druckste herum und erzählte schließlich: »Bubi hat sich in der Tür eingeklemmt. Ich habe es erst bemerkt, als es zu spät war.«

Sabine und ich wussten, dass Bubi sich nicht zufällig in einer Tür eingeklemmt haben konnte, wir trauten uns aber nicht, Oma die Schuld an seinem Tod zu geben.

Die Spuren des Unfalls waren schon beseitigt, und wir erfuhren nicht, wohin Bubi gebracht worden war. Er war einfach weg. Sabine bekam einen Weinkrampf und rief: »Wahrscheinlich haben sie ihn nur in die Mülltonne geworfen.«

Die Süßigkeiten machten uns keine Freude; so einfach waren wir bei einem Todesfall nicht zu trösten. Wir mussten ohne Unterlass daran denken, wie grausig es für Bubi gewesen sein musste, in der Tür zerquetscht zu werden.

Ich spekulierte heimlich über den wahren Hergang des Unfalls und grübelte nach, wo sie ihn wohl hingebracht hatten. Sabine und ich gingen zu den Hausmülltonnen und suchten nach seiner Leiche, konnten sie aber nicht finden.

Mama und Oma sagten immer: »Bubi ist im Himmel. Dem geht es gut.«

Aber wo war das?

Hansi bekam nun allein alle Aufmerksamkeit von uns, aber wir merkten ihm an, dass auch er seinen Spielgefährten vermisste. Er war nicht mehr so frech wie vorher, saß die meiste Zeit im Vogelbauer, stupste die kleine Vogel-Puppe an und hüpfte lustlos von Stange zu Stange. Er flog schwerfälliger durch die Wohnung und hatte an Temperament verloren.

Wenige Tage später fanden wir ihn tot zwischen Mamas Kosmetiksachen; er war vor Gram gestorben. Zum Glück waren Sabine und ich an diesem Tag zu Hause. Ich schaute fassungslos, aber auch neugierig seinen kleinen, leblosen Körper an. Ich hatte Angst, ihn anzufassen und berührte ihn nur vorsichtig mit dem Zeigefinger. Es war unheimlich, ihn so schweigend zu sehen, wo er doch sonst so munter geträllert hatte. Ich stand vor ihm und wartete darauf, dass er sich wieder bewegte. Ich dachte mir: »Jetzt ist er für eine Weile tot und im nächsten Moment wacht er auf und fliegt wieder durch die Wohnung.«

Was *für immer* bedeutet, konnte ich nicht verstehen.

Mama leerte eine Pralinenschachtel aus und holte Watte aus dem Erste-Hilfe-Kasten, und wir polsterten die Schachtel weich aus. Sabine nahm Hansi vorsichtig auf und legte ihn auf die Watte.

Ich sauste zum Vogelbauer, holte seine abgewetzte Spielpuppe und legte sie dicht neben ihn.

Wir malten in großen Buchstaben *Hansi* auf den Deckel der Schachtel und schlossen dann den »Sarg«.

Mama hatte aus zwei Strohhalmen ein Kreuz gebastelt und eine Schippe aus meiner Spielkiste genommen. So gingen wir alle hinunter in den Hof und suchten eine Grabstelle für ihn. Neben der Kellertreppe gab es eine kleine bepflanzte Anlage.

»Seid ganz still, Kinder«, sagte Mama. »Der Hausmeister braucht nicht zu merken, dass wir in seinem kleinen Garten ein Loch buddeln.«

Sabine legte die Schachtel in das Loch und schaufelte es zu. Wir legten einen Hügel an und steckten das Kreuz hinein. So würden wir die Stelle später wiederfinden können.

Mama sagte: »Jetzt treffen sich beide Vögel im Himmel und können wieder zusammen spielen und fliegen.«

Ich fragte mich, wie das wohl möglich wäre: Hansi lag begraben im Hof. Würde er von dort direkt in den Himmel fliegen? Bubi war ganz woanders hingebracht worden. Woher wusste er, dass Hansi gestorben war? Und wie könnten sich beide dann treffen? Aber ich glaubte es.

Der Himmel wurde für mich zu einem Wunderland, in dem alle Menschen und Tiere sich wiedertrafen, die sich einmal gekannt hatten, und ihr Leben wie vorher weiterführten. Ich verstand nur nicht, warum sie dann nicht auf der Erde blieben, wenn sie im Himmel ein gleiches Leben führten wie bei uns.

Oma verlor nie mehr ein Wort über die beiden Vögel, und sie wollte auch von uns nichts mehr zu diesem Thema hören. Genauso machte sie es ja später auch beim Tod unserer Mutter.

Schlimme Sachen wurden aus der Welt geschafft, indem man sie totschwieg.

Sabine und ich waren froh, dass wir wenigstens einen der beiden hatten beerdigen können. So hatten wir das Gefühl, dass Hansi am Ende unserer Freundschaft nicht allein war.

In meiner Phantasie ist der Sarg ein Zug, der die Toten ins Jenseits fährt, und der Friedhof ist der Bahnhof, auf dem die Hinterbliebenen Abschied nehmen. Dieser Zug gelangt nur durch Unterführungen – nämlich die Gräber – zum Zielort.

Und die Feuerbestattung ist eine Art Intercity-Super-Express für all jene Menschen, die keine langen Abschiede mögen. Sie kommen pfeilschnell im Jenseits an, und ihre Asche ist für uns Zeichen ihrer Ankunft.

Aber egal, welchen Beförderungsweg sich ein Mensch auswählt, er sollte in einem schönen Zug fahren.

Der Plüschsarg

Experimenten gegenüber war ich immer aufgeschlossen, und es wurden im Lauf der Zeit auch allerlei ausgefallene Ideen an mich herangetragen.

Eines Tages besuchte mich eine Künstlerin, die in der Nachbarschaft wohnte, im Geschäft. Sie war schon einige Male an meinem Bestattungsinstitut vorbeigelaufen, und schließlich war sie auf den Gedanken gekommen, bei mir Särge und Urnen zu gestalten.

»Schau dir mal meine Sachen an, Claudia«, sagte sie.

Maria arbeitete anscheinend nur mit Plüsch. Sie hatte eine Fotomappe mit ihren Plüsch-Kunstwerken mitgebracht, und ihre fröhliche Ausstrahlung, gepaart mit ihrem lustigen polnischen Akzent, passte zu ihren heiteren und bunten Arbeiten.

Sie hatte bereits die unterschiedlichsten Gegenstände in weiche und flauschige Objekte verwandelt: Auf einem Foto sah ich ein komplettes Wohnzimmer in orangefarbenem und gelbem Plüsch. Von Stuhl und Tisch über die Lampe bis hin zum Fernsehgerät. Selbst die Wände waren geplüscht.

»Himmel, ist das kitschig!«, dachte ich schaudernd.

Da sie noch keinen Sarg bearbeitet hatte, fiel es mir schwer, mir ein »Erdmöbel« in Plüsch vorzustellen. Obwohl …

»Dieses weiche Material könnte einen guten Kontrast zu den harten Hölzern der anderen Särge geben«, überlegte ich laut.

Durch die Kühlhallen für Leichen, die Leichenstarre und das Erkalten eines toten Körpers, die kalte Erde in einem Grab und schließlich auch durch die Härte des Sarges bringt das Thema Tod häufig nur kalte und harte Phantasien in Gang. Vielleicht konnte Marias Plüsch dazu verhelfen, freundliche Gedanken an den Tod zu hegen und Berührungsängste zu mildern?

»Ich kreiere dir einen weichen ›Sarg zum Anfassen‹«, schlug Maria vor.

»Gut«, sagte ich. »Aber tu mir einen Gefallen, Maria: Gestalte mir kein Kreuz und keine betenden Hände in Plüsch. Das wäre doch zu viel des Guten.«

Niemand sollte das Gefühl haben, dass bei mir Trauersymbole veralbert wurden. Jedes Symbol sollte für sich stehen bleiben können.

Der Plüschstoff transportiert für mich kindliche Erinnerungen an den ersten Teddybären und weckt eine gefühlvoll-romantische Stimmung. Es ist ein Stoff, der Wärme ausstrahlt und ein Gefühl von Geborgenheit vermittelt. Eine solche unbefangene und unreligiöse Heiterkeit könnte durch kirchliche Symbole stark gestört werden.

Maria entwarf also den ersten Plüschsarg in Hellblau und setzte die Leisten am Sarg in einem hellen Rosé ab.

Auf den Sargdeckel nähte sie drei große rosa Herzen auf, die dramatisch aus dem Hellblau herausstachen.

Als sie ihr Kunstobjekt in mein Bestattungsinstitut lieferte und wir das Fabelwesen zu den anderen Särgen im Ausstellungsraum stellten, wollte ich mich ausschütten vor Lachen. Sein Fell stand in allen Richtungen ab.

»Deine Kreation sieht aus wie der ›bunte Hund‹ der Bestattungsbranche, Maria.«

»Ich hab den Plüsch vor der Ablieferung extra noch einmal shampooniert, weil das Hellblau und das Rosé so wahnsinnig empfindlich sind«, sagte Maria. »Und es wäre gut, wenn du ihn regelmäßig mit einem Dämpfer behandeln würdest.«

Das reizte mich schon wieder zum Lachen:

»Das ist der erste Sarg, zu dem ich Pflegetipps mitgeliefert bekomme.«

Maria sah mich streng an. Schließlich handelte es sich um ihr Kunstwerk, und da verstand sie keinen Spaß.

»Es ist wichtig, dass du ihn regelmäßig bürstest oder dämpfst, damit sich der Plüsch immer wieder aufstellt. Er klatscht sonst so an und das sieht nicht mehr schön aus.«

Maria hatte sehr gute Arbeit geleistet, der »Sarg zum Anfassen« war ihr tatsächlich gelungen. Ich selbst strich sein Fell auf und ab und achtete darauf, dass Dicki keine Dummheiten mit ihm anstellen konnte. Er war der Pflegefall im Ausstellungsraum, und seine Konkurrenten wurden sträflich vernachlässigt.

Der Plüschsarg zog die Kinder wie ein Magnet an mein Schaufenster, und sie wollten unbedingt stehen bleiben oder gar eintreten, um ihn anfassen zu können.

Einmal kam eine Mutter mit ihrem kleinen Sohn ins Geschäft. »Wir haben keinen Sterbefall, aber mein Sohn wollte unbedingt den Fellsarg sehen. Dürfen wir?«

Ich freute mich darüber, dass mein »bunter Hund« auch Eltern mit kleinen Kindern eine Brücke baute und einen Anlass bot, einfach nur so in mein Geschäft zu kommen.

Der etwa vierjährige Junge ging zielstrebig auf den Plüschsarg zu, breitete seine Arme aus und ließ sich einfach in sein Fell fallen. Er hatte wohl tatsächlich das Gefühl, einen vertrauten Teddybären getroffen zu haben. Obwohl seine Mutter ihm genau erklärt hatte, was ein Bestattungsinstitut ist und dass Menschen in diese Särge gelegt wurden, wenn sie starben, hatte der Junge keine Angst. Er wusste intuitiv, dass ein Gegenstand aus Plüsch nur weich sein konnte, und in seinem Alter interpretierte er nicht so viel hinein wie Erwachsene.

Es gab natürlich wesentlich mehr Passanten, die einfach nur fassungslos den Kopf schüttelten und es wahrscheinlich als geschmacklos empfanden, ein solch schweres Thema wie den Tod aus der Tiefe zu holen und durch einen Plüschstoff leicht erscheinen zu lassen.

Niemand soll denken, dass ich mich über die Toten lustig mache. Nichts liegt mir ferner. Ich glaube aber, es ist legitim, sich über den Tod selbst lustig zu machen – jene Unbekannte in der Gleichung unseres Lebens, die jeder von uns fürchtet.

Die Angst gilt jedoch nicht so sehr dem eigenen Tod. Viele Menschen haben mir schon beteuert, dass sie den kaum fürchten: »Wenn ich tot bin, bin ich tot. Darüber will ich nicht nachdenken. Ich merke doch dann nichts mehr.«

Im auffallenden Gegensatz dazu hat mir noch nie, wirklich noch nie jemand gesagt, dass er den Tod seiner Frau, seines Kindes oder besten Freundes nicht wahrhaft fürchtet.

Das ist es, warum die Menschen so große Angst vor dem Tod haben: weil sie wissen, er könnte den liebsten Menschen, das eigene Fleisch und Blut ganz einfach nehmen, ohne sich zu erklären oder sich gar zu entschuldigen.

Diese Dreistigkeit muss man verhöhnen dürfen, um die Angst erträglich zu machen.

Maria und ich waren uns sicher, dass der Plüschsarg lange in meinem Geschäft stehen würde, da ein Sarg, der durch sein wildes und frisches Fell die pure Lebendigkeit ausstrahlte, erst einmal überzeugen musste.

Fast gefiel uns die Idee, ihn niemals zu verkaufen, bot er doch auch jener Unbekannten in meinem Leben die Stirn. Durch sein heiteres Wesen gab er dem Tod zu verstehen: »Du kannst kommen, wann immer du willst, ich werde meine Angst nicht zeigen.«

Wir lachten darüber, und ich überlegte: »Der Tod wird sich wohl über die furchtlose Bestatterin ärgern; er kann an mir und meinem Plüschsarg ganz sicher keine Freude haben.«

Ich hatte also einen weiteren schönen »Zug« in meiner Ausstellung, und Maria sagte: »Ich bin gespannt, wen er wohl eines Tages auf den Friedhof befördern wird.«

Der hellblaue Plüschsarg stand tatsächlich einige Zeit lang in meinem Geschäft. Ich selbst bin kein Fan von Hellblau und Rosé, aber je häufiger er verschmäht oder hochnäsig belächelt wurde, desto mehr nahm ich ihn in Schutz. Niemand konnte sich wirklich vorstellen, dass ein Hinterbliebener einen solchen Sarg kaufen würde. Wer will denn rosa Herzen bei einer Bestattung? Selbst meine Freunde hegten eine instinktive Abneigung. War das Material zu weich und warm für dieses kalte Thema?

Ich selbst hätte auch nicht sagen können, für welchen Typ Mensch der Plüschsarg sich eignen konnte. Maria machte mir Mut: »Mach dir keine Sorgen, Claudia. Dann musst du eben so lange warten, bis ich sterbe. Ich selbst möchte gern da drin liegen.«

Der Plüschsarg findet eine Liebhaberin

Es sollte aber doch nicht so weit kommen, dass Maria in ihren eigenen Sarg musste. Eines Tages kam eine Frau in mein Bestattungsinstitut; sie war etwa fünfzig Jahre alt, und ich machte den Fehler, sie als einen konservativen Menschen einzuschätzen. Sie stellte sich als Frau Zeller vor.

Ihre achtzigjährige Mutter war in einem Krankenhaus gestorben, und es war ihr sehr wichtig gewesen, wie sie nach ihrem Tod angekleidet sein würde. Frau Zeller hatte bereits alles in einer Tasche mitgebracht.

»Meine Mutter war in Sachen Kleidung sehr penibel, deshalb haben mein Mann und ich sie bereits in der Klinik gewaschen und ihr auch neue Unterwäsche angezogen. Da sie nach ihrem Tod in die Pathologie gebracht wurde, konnten wir ihr das Kleid noch nicht anziehen. Man bat uns dort, die Sachen Ihnen zu übergeben.«

Die Tochter hatte ein sehr elegantes dunkles Kostüm und feine schwarze Schuhe dabei. Sie überreichte mir auch eine kleine Schachtel, in der zwei Ohrringe mit großen Kristallen lagen: »Die müssen Sie ihr unbedingt anlegen. Es waren die Lieblingsschmuckstücke meiner Mutter.«

Gemeinsam hatten sie am Sterbebett eine Erdbestattung beschlossen, alle anderen Entscheidungen aber sollte die Tochter allein treffen, da der Mutter die eigene Zeremonie nicht sonderlich wichtig war.

Nie im Leben wäre ich auf die Idee gekommen, in diesem Fall den Plüschsarg anzubieten oder auch nur zu erwähnen. Wir riefen zunächst den Friedhof ihrer Wahl an und ließen uns einen Termin für die Beerdigung geben. Frau Zeller wollte die

Trauerfeier ausschließlich durch Musik füllen und selbst einige Abschiedsworte sprechen. Sie hatte eine kleine tragbare Musikanlage organisiert und eine CD mit Musikstücken aus ihrem eigenen Bestand ausgesucht.

»Es werden nicht sehr viele Freunde kommen«, sagte sie. »Ich möchte, dass sie ihre eigenen Erinnerungen aufleben lassen. Jeder hat sie etwas anders gekannt, und so sollen sie im Stillen an meine Mutter denken.«

Mir selbst gefiel diese Idee sehr, denn eine Zeremonie ohne Worte richtete die Gedanken der Gäste ausschließlich auf die Verstorbene. Eine durchgehend fließende Musik könnte die Hinterbliebenen in eine tiefere Ebene der Erinnerungen bringen.

Kein Redner würde die Stille der Trauer unterbrechen. Die inneren Stimmen, vielleicht sogar Gebete oder Wünsche, könnten ungestört ihren Lauf nehmen.

Es war die erste Beerdigung in meinem bunten Bestattungsinstitut, bei der es für mich nichts zu erledigen gab als die Abholung der Mutter aus dem Krankenhaus und den Verkauf eines Sarges.

»Sie nehmen mir ja die ganze Arbeit ab«, sagte ich. »Jetzt müssen Sie nur noch einen Sarg aussuchen und eventuell den Blumenschmuck bestellen.«

Zu meiner größten Überraschung zeigte sie auf den Plüschsarg. »Der da muss es sein«, sagte sie. »Er passt genau zu meiner Mutter!«

Sie sah natürlich, dass ich verblüfft war, und sagte: »Sie hatte eine Vorliebe für plüschige Kissen, aber mein Vater, der schon sehr lange tot ist, hat jede Art von Schnörkel kategorisch abgelehnt. Jetzt soll sie bekommen, was ihr immer verwehrt wurde. Nur eben keine Kissen, sondern einen Sarg.«

Ich war fast geneigt, ihr diese Idee auszureden, und sagte zögernd: »Nun, eine achtzigjährige Dame und ein Plüschsarg …«

Aber Frau Zeller war ihrer Sache sicher.

»Meine Mutter wäre begeistert. Ich weiß es. Das ist natürlich ungewöhnlich – aber genau deshalb bin ich schließlich bei Ihnen.«

Ich musste lachen, denn sie hatte ja Recht: Sollte ausgerechnet ich bremsen, wo ich doch unterstützen wollte?

Ein paar Tage später wurde ihre Mutter eingekleidet und in dem rundum weichen Sarg zum Friedhof gebracht. Die Angestellten am Friedhofs empfingen meine Fahrer sehr spitzzüngig: »Na, das wird ja immer krasser mit der Marschner. Was ist das denn für ein Flusending?«

Nach den Maßstäben eines evangelischen Friedhofs war das noch eine sehr tolerante Bemerkung. Und schließlich hatte auch ich ein wenig Zeit gebraucht, um mich an meinen Plüschsarg zu gewöhnen. Aber immerhin wurde die Beerdigung nicht wegen meines »bunten Hundes« verweigert.

Viel interessanter war aber die Tatsache, dass die verstorbene Dame dem Plüschsarg ein seriöses Image verpassen konnte. Als der Friedhofsangestellte in sein Terminbuch sah, sah er, dass es sich um die Beerdigung einer Achtzigjährigen handelte. Er stellte sofort seine Bemerkungen ein, so, als verzauberte die Dame allein durch ihr hohes Alter etwas scheinbar Pietätloses in etwas sehr Pietätvolles.

Stempelte man also nur junge Menschen in einem extravaganten Sarg als schrill oder verrückt ab, einen alten aber nicht?

Wegen der unkonventionellen Methoden meines Bestattungsinstitutes denkt man oft, dass meine Klientel durchwegs aus jungen Leuten besteht. Selbst meine Freunde sind nicht von der Vorstellung abzubringen, dass ich überwiegend Beerdigungen von jungen Menschen ausrichte. Sie sind überzeugt, dass alte Leute mein Konzept als unseriös ablehnen.

Ich freute mich, dass mein Plüschsarg nun auch von den Friedhofsangestellten respektiert wurde und die Abschiedsfeier für die alte Dame nicht durch witzelnde Kommentare hinter irgendeinem Vorhang gestört würde.

Da tatsächlich nur wenige Trauergäste zur Beerdigung kamen, wollte ich die Zeremonie nicht durch meine Anwesenheit stören, denn ich konnte bei einer so überschaubaren Anzahl von Gästen nicht wirklich in den Hintergrund treten und wäre nur sichtbare Fremde bei einer privaten Familienfeier gewesen.

Ein Sarg für meine Mutter

Ich habe mir schon oft eine Beerdigung für meine Mutter ausgemalt, die wirklich zu ihr passen würde.

Wie der Sarg aussehen müsste, weiß ich ganz genau.

Ich würde meinen Airbrusher beauftragen, das Meer in seiner vollen Lebendigkeit auf den Sarg zu malen. Ein tiefes, dunkles Blau würde übergehen in hellblaue Wellen, die am Kamm weiß schäumen. Ein bisschen im Hintergrund würde ein wunderschöner, glitzernder Delfin durch das Wasser springen. Mama war eine großartige Schwimmerin, deshalb der Delfin. Und das Meer ist für mich ein Symbol für Freiheit; seine endlose Weite ist ein Sinnbild der Ewigkeit.

Auf dem Sarg würde nur eine einzige weiße Lilie liegen, denn Mama hatte nach dem Prinzip »Weniger ist mehr« gelebt. Sie hatte das Talent, mit geringen Mitteln große Wirkung zu erzielen.

Wir würden ihr Fotos von uns in die Hand geben. Auf keinen Fall würden wir ihr ein Bestatterhemdchen anziehen lassen. Sie würde Bluejeans und eine weiße Hemdbluse tragen, und wir würden *Nonchalance* über ihr versprühen, ihr Lieblings-parfüm.

Timi Yuro würde ihr großartiges, dramatisches *I am hurt* singen, und zwar bei voll aufgedrehter Musikanlage – nicht heimlich, still und leise. Dieses Lied hatte Mama sehr geliebt. Immer wenn die Depression sie überfiel, legte sie diese CD ein und lauschte hingegeben, während' ihr die Tränen über die Wangen strömten.

Und gleichzeitig würden Bilder von Mama aus allen wichtigen Lebenssituationen auf eine Leinwand projiziert.

Und dann würden die wichtigsten Personen in Mamas Leben ein paar persönliche Worte sprechen. Oma würde aus Mamas Kindheit und Jugend erzählen, Papa würde schildern, wie er sie kennen gelernt, was er an ihr geliebt und warum er sie geheiratet hatte. Und Karl könnte über ihre letzten Jahre reden. Damit würden sie meiner Mutter ein großes Geschenk machen, und wir würden viel über ihr Leben erfahren, über ihre Glücksmomente und ihre Traurigkeiten.

Freuden und Schmerzen, alles Komische und Tragische in Mutters Leben würde für die Trauergäste noch einmal lebendig.

Sie könnten noch einmal ihr Wesen in sich aufnehmen und sie noch ein letztes Mal bewundern für ihre Fähigkeit, aus einer Tragödie etwas Komisches zu machen.

Eine solche Beerdigung hätte Mutter sicher besser gefallen als die furchtbare Feuerbestattung, die Oma arrangiert hatte.

Andererseits bin ich überzeugt, dass den Toten dergleichen Dinge völlig gleichgültig sind. Wichtig sind sie nur für die Überlebenden.

Alles, was wir für die Toten tun, tun wir genauso für die Überlebenden, um sie zu trösten und ihnen schöne Erinnerungen zu ermöglichen.

Unsere Oma konnte weder für ihre tote Tochter etwas tun

noch für diejenigen, die sie geliebt hatten. Das lag nicht in ihrer Natur.

Kurz nach der Beerdigung kam Mamas Freund Karl zu Besuch. Er lebte schon einige Zeit nicht mehr bei uns und wusste noch nicht, dass Mama gestorben war. Oma fing ihn schon im Hof ab und zischte ihn an: »Hannelore wirst du wohl nicht mehr besuchen können. Sie ist tot.« Er machte auf dem Absatz kehrt und kam auch nicht zu Mamas Beerdigung.

Ich fand es grausam, dass Oma ihm mit Mamas Tod wehtun wollte. Sie hatte ihre eigenen Schuldgefühle auf ihn abladen wollen und damit in ihrem Schmerz riskiert, dass sich noch ein Mensch das Leben nahm. Sie wollte damit auch Sabine und mich schützen, aber das ging zu weit. Selbst wenn wir ihn nie mochten, wussten wir, dass er und Mama sich geliebt hatten.

Ich sagte aber kein Wort zu Oma. Sie hatte wohl schon genug mit ihrem schlechten Gewissen zu kämpfen, und ich wollte sie nicht noch zusätzlich belasten. Wenn ich geredet hätte, dann hätte auch ich noch ein schlechtes Gewissen gehabt, und irgendwann musste doch Schluss sein mit den Schuldgefühlen.

Mit meinem Schweigen stand ich auch fest in der Tradition unserer Familie: Über die wesentlichen Dinge wurde nicht gesprochen.

Der Tod im Alltag

Ich finde es auffallend, wie gegenwärtig das Thema Tod im Leben ist. Erst bei einer Bestatterin mit bunten Särgen erregt es Aufsehen.

Modemacher bringen kleine Skelette auf Schals und Hemden. Teufel oder Engel sind Eyecatcher für das Zifferblatt einer

Uhr. Allein in der Musik finden sich Tausende Stücke, die vom Tod erzählen, besonders deutlich in der Rap- oder Heavy-Metal-Szene. Die Leute tanzen dazu, trinken und lachen.

Dramatische Spielfilme sind immer dann am wirkungsvollsten, wenn der Sympathieträger stirbt oder dem Tod knapp entrinnt. Helden werden gefeiert und beklatscht, wenn sie die bösen Buben umbringen. Nur wenn die Guten sterben, wird geweint; bei den Bösen darf gelacht werden.

In unserem Sprachgebrauch ist der Tod sehr präsent: Totenstille, Grabesstille, Friedhofsruhe. Man kann sich totlachen, todmüde sein und leichenblass werden.

Oma sagte immer zu mir: »Kind, du siehst ja aus wie der Tod auf Latschen«, weil ich früher tatsächlich oft totenblass war.

Man spricht von einer toten Ecke oder einem toten Winkel, und wenn eine Party mal nicht so in Gang kommt, gibt es immer einen, der sagt: »Ist das hier eine Trauerfeier, oder warum sind alle so still?«

Auch die Menschen, die vor meinem Laden stehen bleiben, machen oft ihre Scherze. Manchmal über den eigenen Tod, manchmal über die bunten Särge.

So dachte ich zuerst auch an einen Scherz, als einmal ein Mann in mein Geschäft kam und fragte: »Kriecht man hier ooch 'nen Sarg aus Glas? Ick will nich in sone dunkle Kiste liejen.«

Er wirkte unfreiwillig komisch, meinte es aber durchaus ernst, und ich verstand, dass es seine Art war, sich mit dem eigenen Tod auseinander zu setzen.

Früher sagte man: »Lade den Tod in dein Haus ein und freunde dich mit ihm an, dann wird er dich nicht ereilen.« Man schenkte sich Symbole des Todes als Glück bringende Amulette: kleine Totenköpfe oder kleine aus Silber gefertigte Särge, die als Pillendosen fungierten.

Bei Motorradfahrern und Tattoo-Fans sind Todessymbole sehr gefragt. Totenköpfe, tanzende Skelette oder japanische

Fische, die durch einen Totenschädel schwimmen, sind bei den Tätowierern gefragte Motive. Auch der Sensenmann im schwarzen Gewand und mit blitzender Sichel findet sich dort in jedem Katalog.

Ich selbst hatte als Kind eine Spardose in Form eines schwarzen Sarges geschenkt bekommen, die mich bei jedem Groschen zum Lachen brachte: Ich legte das Geldstück auf den Sarg und eine Knochenhand zog es hinein.

Die verbreitetsten Kleingewinne bei Jahrmarktslotterien sind Schlüsselanhänger mit einem springenden Skelett aus Gummi oder Totenschädel als Aschenbecher.

Besonders präsent ist der Tod in der Geisterbahn, und das verdirbt mir den Spaß daran. Jedes Mal, wenn sich Dracula (eine sehr schlechte Schaufensterpuppe) aus seinem billigen, quietschenden Sarg erhebt und zu einer Gruselfahrt einlädt, gibt es jemanden, den ich sagen höre: »Na, Claudia! Ein Kollege von dir?«

Und wenn die beschwingte Besitzerin jener Geisterbahn »den blanken Horror und eine unvergessliche Fahrt durch das Grauen« anpreist, dann schlägt garantiert einer meiner Freunde vor: »Da können wir uns doch die fünf Mark sparen und lieber bei Claudia einen Kaffee trinken.« Der Witz ist so alt wie Methusalem, aber unverändert beliebt.

Offensichtlich ist aber die gruseligste Person immer ein blutleeres Wesen oder ein Skelett, das uns mit einem Ort konfrontiert, den wir nicht kennen. Das schürt unsere Angst so richtig. Und ein Bestatter kann in der Phantasie nur blass, hager und glatzköpfig sein, denn auch Horrorfilme nähren sich von meinem Wirkungsfeld, dem Friedhof.

Nebelschwaden ziehen durch die Dunkelheit, und das berühmte Käuzchen schreit schaurig. Eine düstere Person huscht an den Gräbern vorbei, und wenn sie im Dunkel verschwunden ist, hört man nur noch einen grauenhaften Schrei. Das wirkt immer. Die Gänsehaut ist damit garantiert.

Der Tod, den ich erlebe, wirkt dagegen oft geradezu banal. Es ist auch nicht der schicke Tod aus den Hollywoodfilmen, in denen die Hauptfigur selbst auf dem Sterbebett noch gestylt aussieht. Keine Engelsgesänge erklingen, es werden keine letzten, herzbewegenden Worte gesprochen.

Ein junger Motorradfahrer rast gegen eine Leitplanke; ein allein stehender Mann stirbt in seiner Wohnung und wird erst viele Tage später gefunden. Eine alte Frau schläft in ihrem Sessel ein und wacht nie wieder auf. Irgendein Atemzug war der letzte.

Ich finde es frustrierend, wenn ein Mensch so gehen muss. Es ist wie ein Film mit einem offenen Ende: Die Erlösung fehlt. Ich selbst mag Geschichten mit Happy End, und wenn es dabei noch so unrealistisch zugeht.

Schneewittchen und das Happy End

Es war an einem lausig kalten Februartag. Mein Freund Manuel hatte mich für abends ins Theater eingeladen, aber bis dahin war es noch weit. Der Tag fing so schlecht an, wie das Wetter war.

Er begann um sieben Uhr mit einer Hetzjagd durch die Stadt, mein Brötchen krümelte mir die Autositze voll, Dicki war beim Fahren unruhig und mein Handy klingelte ohne Unterlass:

Frau Marschner, Frau Marschner! Wir brauchen dringend dieses und jenes!

Im Geschäft angekommen, wurde ich von unserem Sanitär-Supermann empfangen, der nicht nur den Abfluss reinigte, sondern als Zugabe auch gleich den halben Laden unter Wasser setzte.

Meine Rettung war eine SCHWARZE Tasse Kaffee und der Gedanke an meine Einladung ins Theater.

Es wurde ein denkwürdiger Abend, denn mir sollte vorgeführt werden, wann meine Sehnsucht nach einem Happy End in jeder Geschichte ihren Lauf nahm.

Ich fiel direkt vom Schreibtisch in den Theatersessel und stieß einen tiefen Erleichterungsseufzer aus: »Ich sitze!«

Neugierig blätterte ich in dem sehr aufwändig gestalteten Programmheft. Nach zweimaligem Läuten gingen die Lichter aus, der Vorhang öffnete sich, und die Musiker im Orchestergraben fingen zu spielen an.

Ich freute mich, in die Welt von Schneewittchen entführt zu werden, und wollte mich der märchenhaften Atmosphäre hingeben, um meinem Alltag zu entfliehen.

Ein prächtiges und einfallsreiches Bühnenbild tat sich auf, und ich wurde durch die schönen Kostüme und die Kunst der Schauspieler tatsächlich aus meinen Alltagssorgen gerissen.

Etwa eine Stunde lang genoss ich die Musik und die Stimme des Märchenerzählers aus dem Off, bis die Geschichte zu jener Stelle kam, die mich nun doch in meinen Alltag zurückholte: Schneewittchen starb.

Als der Vorhang sich wieder öffnete, stand nur der gläserne Sarg auf der Bühne. Der Raum war verdunkelt und ein Spot fiel auf Schneewittchen. Sie war auf blutroten Samt gebettet und ihr weißes Kleid erinnerte mich an eine Hochzeit. Glitzernde Partikel fielen von der Decke auf sie herab, und einer der Zwerge saß mit gesenktem Haupt neben ihr.

Ein bewunderndes Raunen ging durch den Saal.

Das Licht ließ den gläsernen Sarg prachtvoll funkeln, und es war eine traurige, spannungsvolle Stille im Publikum zu spüren. Aber dann musste Schneewittchen singen, und im Publikum kam Gelächter auf. Eine Frau, die an einem Apfelstück erstickt war, tot im Sarg lag und aus voller Kehle sang, hatte entschieden etwas Komisches.

Ich fühlte mich ein bisschen an jenes »So Gott will« bei Mutters Beisetzung erinnert und an das nervöse Lachen, das es uns entlockt hatte.

Dann kam der Prinz auf die Bühne geschritten, kniete vor Schneewittchen nieder und beteuerte, dass er den Zwergen alles dafür geben würde, könnte er den Sarg nur mitnehmen.

Urplötzlich spuckte Schneewittchen das Apfelstück aus und erwachte. Der Sargdeckel wurde schleunigst abgenommen, und der junge Mann mit der endlos langen Feder am Hut machte Schneewittchen, noch während sie im Sarg saß, unverzüglich einen Heiratsantrag.

Ich saß auf meinem Platz und dachte darüber nach, dass ein gläserner Sarg in meinem Bestattungsinstitut wohl eine beträchtliche Provokation bedeuten würde. Es würde Kritik hageln, man würde nach PIETÄT schreien und mich selbst als schrille Bestatterin abstempeln.

Ein Heiratsantrag im Sarg würde mich wohl die Mitgliedschaft in der Innung kosten, und eine singende Bestatterin möchte ich mir gar nicht erst ausmalen.

»Pass auf, wenn *ich* einmal Schneewittchen inszeniere!«, flüsterte ich Manuel zu. »Ich lege sie in die dunkelbraune Kuppeltruhe Modell ›Pisa‹. Und anstelle des Glimmers lasse ich Sand von der Decke rieseln.«

Manuel lachte und flüsterte: »Lieber nicht! Die Kritiken wären nicht erfreulich.«

Nach dem Theater erzählte ich Manuel die Geschichte von dem Tierpräparator, der seine Frau bei sich behalten wollte.

Manuel schauderte: »Großer Gott, wie abartig! Das ist ja ekelhaft.«

»Das sagst du so. Aber schau dir doch den Prinzen an: Er möchte unbedingt das tote Schneewittchen samt Sarg mitnehmen. Und keiner stößt sich dran, im Gegenteil. Man findet es rührend und romantisch.«

Das Happy End war vielleicht schon der schöne gläserne Sarg und der glitzernde Regen, der auf Schneewittchen herabfiel? Ein treuer Zwerg, der mit gesenktem Haupt die Totenwache hielt und ein Prinz, der alles für ihr Leben geben würde?

»War es unbedingt notwendig, dass Schneewittchen den Apfel wieder ausspuckte?«, fragte ich.

»Na ja, Claudia, ist ja klar, dass du es als Bestatterin so sehen musst. Wäre ja dein Bankrott, wenn die Verstorbenen im Sarg wieder aufwachen würden.«

»Stell dir bloß mal diese Peinlichkeit vor: Schneewittchen stirbt, und ich rufe gleich aus dem Theater meine Mitarbeiter an, die sich daranmachen, die Verstorbene von der Bühne zu tragen. Ich strecke dem hinterbliebenen Zwerg den Auftrag zum Unterschreiben hin – und genau in diesem Moment erwacht sie wieder.«

Manuel griff meine Überlegungen von vorhin wieder auf.

»Meinst du wirklich, eine Bestattung könnte zum Happy End werden?«

»Warum nicht? Andere Kulturen bezeichnen unser Diesseits als die Vorstufe zum eigentlichen Leben.

Das Leben meiner Mutter zum Beispiel hätte dringend ein Happy End gebraucht, weil zu vieles in ihrem Leben nicht gelebt war. Ihr Tod war so grausig; da hätte die Beerdigung nicht auch noch so grausig sein dürfen. Sie wurde mit Orgelmusik und Nelken aus der Welt geschafft, nicht etwa gefeiert oder verabschiedet. Ihr Leben wurde nicht gekrönt, es machte eine direkte steile Abfahrt in ein Friedhofsloch.«

»Was kränkt dich daran so sehr?«, forschte Manuel.

»Wenn einer von uns gestorben wäre, hätte sich Mama nie um die Bestattungskosten geschert. Ich weiß, dass sie Sabine oder mich nie hätte verbrennen lassen. Großzügig und voll Schönheitssinn, wie sie war, hätte sie für uns eine prachtvolle und unvergessliche Erdbestattung veranstaltet. Sie hätte uns etwas Schönes auf die Reise mitgegeben: mir vielleicht ein Motorrad-Puzzle und Sabine eines ihrer Lieblingsbücher.«

»Ja, ich glaube, ich verstehe, was du meinst.«

Tom plädiert für Pappsärge

Ich höre auffallend oft von unschönen Beerdigungen. Dabei sind die meisten Menschen meines Alters in ihrem Leben nicht einmal entfernt mit einem Todesfall konfrontiert worden. Ihnen fehlt die Erfahrung mit dem Tod, und so vertreten sie oft recht unreife oder unüberlegte Meinungen.

Einmal hatte ich eine hitzige Diskussion mit zwei Freunden. Wie jeden Morgen begann ich den Tag in meinem Stammcafé direkt in meiner Straße. Dort tummeln sich Bauarbeiter, Unternehmer und Aussteiger genauso wie Intellektuelle und Künstler.

Dicki bekommt jeden Morgen seine Schüssel Wasser und einen Hundekeks und sein Frauchen eine riesige Obstschale und einen großen schwarzen Kaffee.

Ich traf Tom und Michaela, die sich mit dem üblichen »Herzliches Beileid« zu mir gesellten. Ein Ritual zwischen uns und ein Lacher für Außenstehende, der wohl nie an Wirkung verlieren wird. Beide sind ungefähr in meinem Alter und schon seit Jahren verheiratet. Wenn wir uns treffen, reden wir oft über meinen Beruf, weil sie das interessiert.

Tom gab das heutige Thema vor: »Ich habe einen Bericht über Pappsärge gesehen. Führst du so was auch?«

»Ich habe das auch gesehen und bin überhaupt nicht begeistert von dieser neuen Mode. Ich befürchte, dass nach dem Pappsarg dann wohl auch irgendwann der Papiersack kommen wird, weil wir uns in unserer Gesellschaft ja immer weiter und weiter entwickeln und weil vor lauter Entwicklung jede Kultur abgewickelt wird.«

Das fand Tom spießig. »Mir gefällt die Idee. Und so ein Pappsarg ist doch bestimmt auch billiger als ein Holzsarg.«

Michaela sah ihn stirnrunzelnd an, sagte aber nichts.

Ich dagegen sagte tadelnd: »Eine Bestattung hat schließlich nicht nur etwas mit Preisen oder Ökologie zu tun, sondern auch mit den Menschen, die sterben.«

»Aber die Vorstellung, dass man den Pappsarg in der Wohnzimmerecke bereit halten könnte, ordentlich gefaltet wie ein Umzugskarton, macht mir Spaß«, sagte Tom und lachte.

Michaela schaute noch eine Nuance skeptischer drein, sagte aber immer noch nichts.

»Ich weiß was, was dir vielleicht noch besser gefallen wird«, sagte ich. »Zu Zeiten des Alten Fritz gab es Leihsärge, die nur für die Trauerzeremonie benutzt wurden. Über dem Grab öffnete sich dann der Boden des Sarges und der Tote fiel in die Grube.«

Jetzt wurde es lebhaft.

Tom sagte: »Mir wäre es nun wirklich total egal, in welchem Sarg ich liegen würde. Merken würde ich es bestimmt nicht mehr.«

»Und woher weißt du das so genau?«, fragte ich.

»Ist doch klar«, sagte er. »Ich will auch keine Trauerfeier; da wird sowieso nur geheuchelt.«

Jetzt schaltete sich Michaela ein: »Ich würde nicht einmal meinen Hund in eine Pappschachtel legen, wenn er tot wäre, und dich würde ich ganz sicher nicht in einem Karton beerdigen lassen.«

Mir fiel auf, dass Tom über seine eigene Beerdigung nachdachte, Michaela aber den Blickwinkel einer Hinterbliebenen einnahm.

Tom war nicht zu bremsen: »Ich möchte mein Geld lieber zu Lebzeiten ausgeben und es nicht irgendeinem Bestatter in den Rachen werfen. Und schließlich handelt es sich sowieso nur um den Körper, die leere Hülle.«

Ich spielte die Gekränkte: »Ich hoffe doch, du würdest dein Geld nicht *irgendeinem* Bestatter in den Rachen werfen, sondern mir!«

»In dem Fall würde ich auch dir das Geld nicht gönnen«, erwiderte er.

»Aber was bedeutet dir denn das Geld noch, wenn du tot bist?«, fragte ich. »Was für einen Wert hat es dann noch? Du hast anscheinend das Gefühl, dass der Körper eine Art Einweggefäß ist, das man wegwirft, wenn es leer ist!«

Ich merkte selbst, dass ich zu emotional argumentierte, und versuchte, ihm mit Vernunftgründen beizukommen.

»Warum hast du dir ein teures Auto auf Kredit gekauft, wo du doch auch ein günstiges, kleines Auto hättest nehmen können? Warum wirfst du dein Geld einem Autohändler in den Rachen? Wenn es dir im Leben auf Statussymbole ankommt, warum nicht auch im Tod?«

Tom protestierte: »Ich betrachte das Auto nicht als Statussymbol. Mit einem Auto kann man Spaß haben und durch die Stadt fahren. Mit einem Sarg geht das nicht.«

Ich lachte. »Da ist was dran; aber man kann auch mit einem billigen Auto Spaß haben.«

Das wollte er nicht weiter verfolgen. Aber er gab zu bedenken: »Andere Kulturen bestatten ihre Verstorbenen sogar ohne Sarg. Sie werden einfach in Tücher gehüllt.«

Michaela war beeindruckt von diesem Einwurf. Ich selbst tappte nicht in die Falle.

»Diese Leute wissen aber auch, warum sie keine Särge verwenden: Sie haben einen religiösen Hintergrund dafür. Wir aber haben keinen triftigen Grund, warum wir Pappsärge benutzen sollten. Da geht es nur um Kostenersparnis.«

Ich finde es schrecklich, wenn man bei einer Beerdigung die Kostenfrage in den Vordergrund stellt. Es kommt doch in erster Linie darauf an, dass eine Beerdigung etwas mit Sinnlichkeit und Emotionen zu tun haben sollte.

»Schau, Tom«, fuhr ich fort, »ich möchte auch nicht in einem Hochzeitskleid aus Papier oder einem geliehenen Modell heiraten. Es ist ein einmaliger Anlass, und der birgt unwiederbringliche Momente in sich. Warum sollte man also nicht auch eine Trauerfeier zelebrieren?«

»Ich sehe nicht viel Ähnlichkeit zwischen Hochzeit und Beerdigung«, sagte Tom störrisch.

»Gut, dann probiere ich es mal andersrum: Würdest du Michaela nach jahrelanger glücklicher Ehe ohne Zeremonie und in Pappe beerdigen?«

Das war natürlich eine gemeine Frage, wo sie doch direkt neben ihm saß. Michaela horchte auf und lächelte ihn an.

Jetzt war Tom in der Zwickmühle. Er hatte die ganze Zeit nur von seiner eigenen Beerdigung gesprochen. Wie aber, wenn man einen geliebten Menschen zu Grabe trug?

»Ich kann natürlich nur für mich selber sprechen«, wand er sich heraus. »Michaela kann sich nach Belieben aussuchen, wie sie beerdigt werden möchte.«

Er machte sich eilig auf den Weg zum Tresen und murrte zum Abschied: »Frauen müssen immer alles verdrehen ...«

Michaela und ich klatschten uns in die Hände, wie nach einem gewonnenen Volleyballspiel.

Sie lachte. »Wenn Tom mich in eine Pappschachtel legen lässt, dann komme ich zurück und lasse es gewaltig donnern, das sage ich dir, Claudia!«

Der Bestatter schafft Distanz zum Tod

Ich überlege, ob die Erfindung meines Berufs wirklich eine gute Sache war. Die Professionalisierung der Bestattung dient der Bequemlichkeit, keine Frage. Aber die Menschen haben dann vielleicht auch das Gefühl, eine Bestattung nur zu kaufen. Als es den Bestatter noch nicht gab, musste man sich von einem Schreiner den Sarg bauen lassen und auf dem Friedhof dafür sorgen, dass das Grab ausgehoben wurde. Starke Männer wurden organisiert, meist die eigenen Verwandten, die den Verstorbenen zum Friedhof brachten und ihm das letzte Geleit gaben. Es war zeitaufwändiger, hatte aber einen persönlicheren Charakter. Heute gibt es nur noch Verordnungen, Bestattungsgesetze und Hygienegesetze, die den ganzen Ablauf vom Zeitpunkt des Todes bis zur Beerdigung dominieren. Die Verstorbenen werden so fern von uns gehalten, dass wir schon kaum mehr einen persönlichen Bezug zu ihnen haben. Wir sehen uns nur noch als zahlende Hinterbliebene, denen für Trauer wenig Raum geboten wird.

Ich frage mich, was geändert werden müsste. Die Abschaffung des Berufes wäre wohl nicht mehr möglich, in einer Zeit, in der alles schnell gehen muss, selbst die Trauer. Es ist oft schon schwierig, vom eigenen Arbeitgeber einen freien Tag für die Beerdigung zu bekommen, und es ist kaum mehr möglich, alles alleine zu organisieren. Aber die Bestattung sollte nicht völlig in der Hand von Profis liegen; die Menschen sollten sich auch persönlich um den Verstorbenen kümmern müssen.

Gesetze und Vorschriften müssten aufgelockert werden. Wenn ein Mensch in einem Krankenhaus stirbt und die Angehörigen ihn zum Abschied nach Hause holen wollen, sollte das problemloser möglich gemacht werden. Bei uns muss sofort das Gesundheitsamt befragt werden und seine Zustimmung durch einen Stempel erteilen. Kann das nicht auch ein Krankenhausarzt?

Es gibt Vorschriften für die Materialien von Urnen und Särgen, Vorschriften für die Gestaltung einer Grabstätte, Vorschriften für die Gestaltung eines Grabsteins, und vor lauter Vorschriften merken wir nicht mehr, dass eine Beerdigung eine zutiefst intime Familienfeier ist.

Ich weiß selbst nicht, was zuerst da war: der Beruf des Bestatters oder der Wunsch, mit dem Thema Tod nicht mehr konfrontiert zu werden.

Aber wenn man den Tod verdrängt, tut man sich keinen Gefallen. Ich hatte vom Tod meiner Mutter nichts mitbekommen und auch ihre Leiche nicht mehr gesehen. So kam es, dass ich ihren Tod nicht wahrhaben wollte.

In meiner Phantasie war Mama halb im Diesseits und halb im Jenseits. Ich konnte mich nicht entscheiden, an welchem Ort ich sie endgültig lassen sollte. Ließ ich sie im Jenseits, starb meine Hoffnung auf ihre Wiederkehr, und im Diesseits nahm ich ihr ihren eigenen Seelenfrieden. Ich war hin- und hergerissen und verbannte Mama schließlich ins Nichts. Jetzt musste ich nichts mehr für sie fühlen und konnte sie aus meinem Leben verbannen.

Aber dadurch landete ich selbst im Nichts. Ich wusste nicht mehr, wer ich war und wo meine Wurzeln lagen. In meinem Innern herrschte Leere, aus der ich nicht mehr herausholen konnte als Leistung und Arbeitskraft.

Nun hatte ich mich selbst zu den drei Affen gesellt, die sich der Wahrheit gegenüber verschließen. Ich führte ein Leben, als hätte es Mama nie gegeben.

Vielleicht wäre es schön gewesen, wenn wir Mamas Urne nach Ibiza gebracht und ihre Asche dort verstreut hätten. Im Urlaub am Meer war sie immer glücklich gewesen.

Oder Sabine und ich wären nach Spanien geflogen und hätten uns einen schönen Strand gesucht. Wir hätten beide einen Brief an Mama geschrieben und ihn dann verbrannt und mit ihrer Asche vermengt. Der Wind hätte die Asche ins Meer getragen und wir hätten uns einbilden können, dass Mama im Schmetterlingsstil davonschwamm. Das Wellenrauschen hätte die Orgel ersetzt.

In Deutschland ist so etwas nicht möglich; das Bestattungsgesetz steht dem entgegen. Eine Urne muss auf einem Friedhof beigesetzt werden. Auch die Urne selbst ist vorgeschrieben, und so darf man nicht einmal die Asche aus dem Topf befreien und in das Grab streuen.

Wer es anders haben möchte, muss sich ein Land mit weniger strengen Vorschriften suchen. Das Krematorium sendet dann die Urne als Postpaket zum Friedhof oder sie geht per Luftfracht in ihr Bestimmungsland und wird dort von einem Bestatter am Flughafen abgeholt.

Sehr viele Länder wie zum Beispiel die Niederlande, Spanien, Amerika oder England kennen den Friedhofszwang für Urnen nicht. Dort bekommt man die Urne seines Verstorbenen ausgehändigt und kann sie mit nach Hause nehmen oder die Asche an einem schönen Platz verstreuen.

Und wieder einmal: Gefühlsvermeidung

Vor nicht allzu langer Zeit bekam ich einen Anruf von einer Frau Schadow.

Sie war die amtliche Betreuerin eines Mannes namens Gustav Sachse, der so schwer krank gewesen war, dass er schon seit Jahren im Krankenhaus gelegen hatte. Dort war er nun auch gestorben. Frau Schadow kümmerte sich um die Bestattungsformalitäten.

»Seine Frau, das heißt seine Witwe, lebt schon seit ein paar Jahren in Spanien«, erklärte sie. »Sie wünscht eine Feuerbestattung, weil sie die Urne selbst in ihre Wahlheimat überführen will.«

Die Betreuerin kam mir hektisch und überlastet vor. Sie konnte oder wollte nicht selbst zu einem Gespräch in mein Institut kommen.

»Es geht auch so«, sagte ich. »Schicken Sie mir bitte einen schriftlichen Auftrag und eine Kopie Ihres Betreuer-Ausweises. Außerdem muss Ihnen die Ehefrau eine schriftliche Vollmacht ausstellen.«

»So viel Umstände! Okay, okay, ist gut. Sie kriegen das alles.«

Sie hatte offenbar nicht ihren besten Tag. Aber ich brauchte noch mehr.

»Geben Sie mir bitte noch das Geburtsdatum von Herrn Sachse und seine Krankenkasse an«, bat ich. »Die Krankenkasse zahlt ja das Sterbegeld.«

»Mein Gott, das ist ja zum Kotzen«, sagte sie entnervt. »Ich kann die Krankenkasse in meiner Akte gerade nicht finden. Rufen Sie einfach im Krankenhaus an, die wissen das sicher.«

Ich wollte nicht schuld daran sein, wenn sie einen Nervenzusammenbruch erlitt, und gab nach.

»Aber im Fall einer Überführung brauchen wir für das Krematorium eine Bestätigung vom Konsulat, dass es in Spanien keinen Friedhofszwang gibt, und eine Kopie des Flugtickets der Ehefrau«, sagte ich. »Die Bestätigung besorge ich, und Sie schicken mir bitte die Kopie des Tickets.«

»Gut. Sie kriegen den Auftrag morgen mit der Post«, sagte Frau Schadow. »Ich habe mit Frau Sachse telefoniert. Sie wollte eigentlich eine Zeremonie vor der Verbrennung haben, aber ich habe es ihr ausgeredet. Wofür soll das gut sein? Es bringt nur Emotionen hoch.«

Dieser letzte Satz donnerte durch mein Ohr wie ein Orkan und verfolgte mich noch den ganzen Tag. Er machte mir wieder einmal deutlich klar, dass die Trauer in unseren Breitengraden nicht ausgelebt wird. Ich selbst hatte nach Mamas Tod damals versucht, meine traurigen Gefühle auszumerzen, und stellte erst Jahre später fest, dass ich damit auch meine fröhlichen Gefühle ausgelöscht hatte. Galgenhumor und Ironie standen mir noch zur Verfügung, echte Fröhlichkeit nicht mehr. Ich trug eine Maske, genau wie meine Mutter.

Sie war nach außen hin immer die lebenslustige, strahlende junge Frau gewesen, Mittelpunkt jeder Gesellschaft. Aber Sabine und ich kannten ihre depressiven Phasen, in denen sie sich in ihr verdunkeltes Zimmer zurückzog und sich unter der Bettdecke verkroch. Ich habe schon viel darüber nachgegrübelt, warum im Leben meiner Mutter alles schief gelaufen ist. Seit ich mich so intensiv mit dem Thema Abschied beschäftige, glaube ich den Grund zu kennen: Meine Mutter hatte ihren Vater über alles geliebt. Aber er starb früh, und seine Frau – meine Oma Prauß – sorgte dafür, dass die Tochter von Sterben und Tod nichts mitbekam. Sie konnte sich nicht vom Vater verabschieden, sie durfte nicht trauern. Alles lief nach Omas harter Regel: Das Leben geht weiter.

Weil Mutter damals ihre Trauer nicht ausleben durfte, war sie wohl später zu tieferen Gefühlen nicht mehr fähig, nicht zu Liebe, nicht zu Schmerz, nicht zu Freude.

Wenn ein geliebter Mensch auf eine lange und abenteuerliche Reise geht, gibt es eine Abschiedsfete, man begleitet ihn zum Flughafen und stößt mit Sekt darauf an, dass alles gut geht. Man umarmt und küsst ihn und bleibt so lang, bis er durch die Sicherheitskontrolle muss und verschwindet.

Und wenn dieser Mensch nun seine längste und abenteuerlichste Reise antritt, von der er nicht wiederkehren wird, dann sollte man sich gleichgültig abwenden und sagen: Das Leben geht weiter?

Ich hoffte, die hinterbliebene Ehefrau würde ihre Trauer nicht völlig verdrängen und wenigstens ganz für sich allein in Spanien eine Abschiedszeremonie veranstalten.

Ein russisches Kind wird überführt

Manchmal geht es bei mir zu wie in einem Reisebüro. Ich habe oft Überführungen ins Ausland, wahrscheinlich weil in einer Großstadt wie Berlin sehr viele Menschen aus den verschiedensten Nationen leben.

Einmal wurde ich mit der Flugüberführung eines kleinen Jungen nach Russland beauftragt.

Der achtjährige Aljoscha hatte einen schweren Herzfehler gehabt, der in Russland nicht operiert werden konnte. Eine deutsche Hilfsorganisation übernahm die Kosten für eine Operation in Deutschland, und das Kind kam in Begleitung seiner Eltern nach Berlin.

Aber Aljoscha überstand die Operation nicht.

Eine Dolmetscherin des Kinderhilfswerks bat mich, zu den Eltern zu kommen und die Rückführung des Kleinen nach Moskau zu organisieren.

Ich besuchte also die Eltern, und sie zeigten mir ein Foto ihres Kindes. Ein schmächtiger, blonder Junge saß lachend in einem Polstersessel. Sein weißes T-Shirt und seine Jeans sahen nagelneu aus. Vermutlich war er für die Reise neu ausstaffiert worden.

Ich saß mit den Eltern und der Dolmetscherin um einen Tisch, und der Vater deutete immer wieder auf das Foto und erzählte von seinem Sohn. Auch die Mutter fiel immer wieder mit tränenerstickter Stimme ein. Die Dolmetscherin mischte sich nicht ein, weil sie wohl wusste, dass die Sprache der Trauer keine Übersetzung braucht.

Sie kam erst zum Einsatz, als es um Formalitäten und Abläufe ging.

Ich hatte im Vorfeld bereits mit einer Flughafenspedition telefoniert und mir einen möglichen Flugtermin reservieren lassen.

Die Beförderungsgesetze für Auslandsüberführungen schreiben einen Sarg mit einer Zinkeinlage vor. In diesem Fall musste der Sarg nach der Einbettung des Jungen vom russischen Konsulat verlötet und verplombt werden.

Als ich die Leichenschauscheine aus dem Krankenhaus abholte, sprach mich die Dame von der Aufnahme an: »Wir erinnern uns alle gut an Aljoscha. Er war so ein liebenswürdiges Kind. Wir werden auch nie vergessen, wie verzweifelt sich Dr. Klein bei der Operation bemüht hat, sein Leben zu retten. Nach dem Tod des Kleinen erlitt er einen Nervenzusammenbruch und sperrte sich stundenlang im Ärztezimmer ein.«

Dass ein Arzt Gefühle zeigte, war mir neu. Dergleichen hatte ich noch nie gehört. Waren die »Götter in Weiß« doch nicht so abgehoben?

Ich hatte mich bis dahin nie gefragt, wie sich ein Arzt nach einer Operation fühlt, die trotz aller Bemühungen mit dem Tod endet.

Dr. Klein hatte tatsächlich das Herz des kleinen Jungen in der Hand gehabt, bis es aufhörte zu schlagen. Die ganzen Hoffnungen der Eltern hatten sich auf ihn gerichtet, und sie waren enttäuscht worden.

Ich hatte den größten Respekt vor diesem Arzt, war aber auch sehr froh, dass ich nicht in der Lage eines Chirurgen war, der entscheiden musste, ob er eine so schwere Operation wagen konnte oder nicht. Und dem dann gelegentlich ein Patient unter den Händen starb.

Das konnte mir gottlob nicht passieren!

Es war schrecklich für die Eltern, in einem fremden Land ihr Kind zu verlieren. Immer wieder wollten sie den Jungen in meinen Aufbahrungsräumen sehen und Abschied nehmen, und ich spürte, dass sie ihn auch weiterhin behüten wollten, damit er sich bei der fremdsprachigen Bestatterin nicht einsam fühlte.

In den Augen der Mutter sah ich, dass sie sich selbst und dem Arzt die Schuld am Tod ihres Kindes gab. Es sind diese kurzen Blicke, die alle Gefühle aussprechen.

Die Eltern wollten mit ihrem Kind im selben Flugzeug nach Moskau fliegen. Sie wollten so schnell wie möglich zurück in die Heimat, um mit ihrer Trauer nicht mehr in fremder Umgebung allein zu sein.

Ich besorgte bei der Polizei die Bestattungspapiere und einen Leichenpass. Das Standesamt stellte die Urkunden aus, und die Dolmetscherin übersetzte alle Dokumente, damit ich beim Konsulat die letzten Stempel und Genehmigungen für den Flug nach Moskau einholen konnte.

Wir brachten den Jungen zur Spedition des Flughafens. Seinen Sarg mussten wir mit einem Tuch verdecken, um auf dem Flughafengelände die nötige Diskretion zu wahren. Von dort wurde er sofort in den Frachtraum des Flugzeuges gebracht.

Ich begleitete zusammen mit der Dolmetscherin die Eltern zum Flughafen. Als sie einchecken mussten, nahm die Mutter meine Hand. Sie lächelte unter Tränen. Einen kurzen Moment war sie glücklich, weil sie endlich nach Hause fliegen konnte.

Seitdem weiß ich, dass es auch in den schlimmsten Lebenslagen Glücksmomente gibt, die das Weiterleben möglich machen.

Kleenex, Schamanen und Post
für die Toten

Die Menschen, die bei mir eine Beerdigung in Auftrag geben, bemühen sich meist krampfhaft, die Tränen zurückzuhalten, und wenn es ihnen nicht gelingt, glauben sie, sich entschuldigen zu müssen. Sie schämen sich, vor einer Fremden zu weinen.

Rein durch Zufall kam ich zu einer Lösung für dieses Problem. Ich hatte eine starke Erkältung, und als Kundschaft kam, war es mir peinlich, das Trauergespräch immer wieder zu unterbrechen, um mir ein Taschentuch aus dem Bad zu holen. Ich nahm also ein Tablett, stellte eine Flasche Wasser, Gläser und eine große Kleenex-Box darauf und setzte es auf meinem Schreibtisch ab. Als die Trauernden die Kleenexschachtel sahen, hatten sie keine so große Angst mehr vor dem Weinen. Sie glaubten wohl zu erkennen, dass Tränen hier ganz normal waren und dass ich darauf eingerichtet war.

Seitdem fehlt dieses Tablett bei keinem Kundengespräch.

Ich habe bemerkt, dass Menschen, die ihren Gefühlen freien Lauf lassen, auch frei und ehrlich über Geld reden können. Sie setzen den Preis für den Sarg nicht mit dem Maß der Liebe für den Verstorbenen gleich.

Kürzlich erzählte mir meine Freundin Martina von einem Abschiedsritual der Schamanen, das mich sehr beeindruckte.

Ein schmales, weißes Tuch wird wie ein Weg in einen Raum gelegt, und die Beteiligten setzen sich an den Rand des Weges. Martina erklärte, dass bei den Schamanen die Farbe Weiß für die Farbe der Knochen steht.

Alle Anwesenden halten ein Foto des Verstorbenen in der Hand, und jeder soll sich Zeit lassen und die Sinne auf den Freund oder Verwandten richten, von dem er sich verabschieden will.

Am Ende des Tuches sitzt ein Schamane, und wenn sich einer der Gäste zum Abschied bereit fühlt, soll er aufstehen und mit dem Foto in der Hand den weißen Weg beschreiten. Dabei soll man sich auf den Abschied konzentrieren, und am Ende des Weges übergibt man dem Schamanen das Foto des Verstorbenen. Er verbrennt das Bild in einer Schale und zermahlt die Asche mit einem Stößel.

Martina erzählte noch weiter, aber ich hörte ihr gar nicht mehr richtig zu, weil ich im Geist schon damit beschäftigt war, dieses Ritual weiter auszubauen.

Für eine Trauerzeremonie könnte man ein weißes Tuch von der Eingangstür bis hin zum Sarg oder zur Urne auslegen. Weiß ist eben auch die Farbe des Lichts. Es würde die ganze Zeit über Musik zu hören sein, und jeder könnte ganz frei den Zeitpunkt wählen, an dem er den Weg beschreiten will. Jeder Gast sollte ein Teelicht, eine Blume oder ein anderes Geschenk zu seinem persönlichen Abschied mitbringen.

Man könnte dieses Ritual auch zu Hause vollziehen; dann hätte man sehr viel mehr Zeit dafür. Der weiße Weg führt dann vielleicht zu einem mit Blumen und Kerzen geschmückten Tisch, auf dem ein großes Foto des Verstorbenen steht. Jeder kann seine Abschiedsgeschenke dort ablegen.

Schön und hilfreich wäre es auch, wenn man den Toten Briefe schreiben könnte. Nach dem Tod meiner Mutter habe ich gelegentlich mit dem Gedanken gespielt, ihr einen Abschiedsbrief zu schreiben, ein kleines Loch ins Grab zu bohren, den Brief zu verbrennen und die Asche in die Erde rieseln zu lassen. Weil Mama durch das Feuer gegangen war, müsste sie auf diesem Weg auch ein Brief erreichen, so dachte ich.

Aber meine Gedanken und Gefühle waren zu verwirrt, zu aufgewühlt und kontrovers, als dass ich sie hätte zu Papier bringen können.

Ich stelle mir manchmal vor, dass ich in meinem Laden eine

Art Briefkasten für Verstorbene einrichten könnte. Jeder dürfte kommen und die Post für seinen Verstorbenen bei mir abgeben. Einmal im Monat würde ich alle Briefe in einen schönen Sarg legen und im Krematorium verbrennen lassen. So würde die Post per Express ins Jenseits befördert.

Ich denke besonders daran, wie schön es für Kinder wäre, wenn es einen Weg gäbe, auf dem sie der verstorbenen Oma oder dem verstorbenen Freund immer schreiben könnten. Und für sterbende Kinder wäre es ein Trost, zu wissen, dass der Kontakt durch Briefe immer aufrechterhalten wird.

Jeder Brief kostet genauso viel wie bei der Post, und wenn die Krematoriumsgebühr erreicht ist, bringe ich sie zum Verbrennen.

Die Erdbeere

Ich liebe Tätowierungen. Schon als Kind bestaunte ich jene bemalten Menschen aus anderen Kulturen, die durch Tätowierungen ihre Stammeszugehörigkeit kundtaten oder sich einfach schmückten. In unserem Kulturkreis wurde Schmuck dieser Art nur bei Seeleuten geduldet oder bei den knallharten Burschen aus der Halbwelt. Auch das hatte für mich seine ganz eigene Faszination. Vielleicht bestaunte ich das Phänomen, dass Menschen eine unkonventionelle Lebensform wählten und damit in Kauf nahmen, sich ausgrenzen zu lassen.

Glücklicherweise gehörte ich zur »MTV-Generation«, die von Vorbildern wie Lenny Kravitz oder vielleicht auch Axel Rose dazu ermutigt wurden, die eigene Individualität durch einen ganz eigenen Körperkult zum Ausdruck zu bringen. Die Folge davon war, dass ich mal wieder bei Thorsten wegen eines Termins anrufen musste

»Hi, Thorsten. Hier ist Claudia.«

»Claudia? Welche Claudia?«, bellte er.

Besonders höflich ist Thorsten wirklich nicht. Aber ich brauche ihn auch nicht wegen seiner Höflichkeit, sondern weil er ein genialer Tätowierer ist.

»Die Bestatterin!!«

»Ach Mensch, sag das doch gleich. Wollen wir an deinem Rückenbild weiterarbeiten oder was?«

Wir vereinbarten einen Termin. Der Drache auf meinem Rücken musste noch schattiert werden, und das bedeutete, dass Thorsten mit seinen gemeinen Nadeln über meine Wirbelsäule surren musste. Mir graute schon lange davor, aber mein japanischer Garten Eden, der am Schulterblatt seinen Anfang nahm und an den Hüften sein Ende finden sollte, musste endlich fertig werden.

Und so fand ich mich ein paar Tage später auf seinem OP-Tisch wieder. Weil ich nicht das erste Mal da war und schon wusste, was mir bevorstand, schmerzte mein Rücken bereits bevor er sein Maschinchen anwarf.

»Aber nicht so doll, Thorsten.«

Der Hüne lachte sich schief über die Mimose, die schon die Augen zukniff, bevor er überhaupt begonnen hatte, und dann zeigte er mir stolz sein Handgelenk, das schwarze Schachfiguren und Totenköpfe zierten: »Was meinste, wie das weh getan hat?! Da weinst du wegen deiner Wirbelsäule. Willste 'ne Cola, bevor ich mir die Handschuhe anziehe?«

Thorsten achtete streng auf eine sterile Umgebung, und wenn einer seiner Kumpels mit einer Zigarette in seinen Laden kam, flog er sofort wieder hinaus.

An Thorstens Armen gab es kein Stück freie Haut mehr und langärmlige Pullover erübrigten sich bei ihm absolut.

Er hatte eine harte und klare Linie und ein Berufsethos, das mir sehr gefiel: »Hälse und Gesichter können die Vollidioten ›hacken‹. Ich bin Künstler, kein Schlächter.«

Thorsten war tatsächlich ein Künstler, denn er fertigte seine Arbeiten ohne Schablonen oder Vorlagen. Er malte alles direkt auf die Haut, und wenn es einem gefiel, surrte er los.

»Wat issn? Läuft dir der Kreislauf weg? Hier, trink mal von der Cola.« Er nahm für einen Moment seine fiese kleine Maschine von meiner Wirbelsäule, die schon halb durchgesägt sein musste.

»Mann, Thorsten. Hätte der Drache nicht neben der Wirbelsäule fliegen können?«

»Klar, damit er aus deinem Garten Eden rausfliegt oder wie?«

»Schon gut, mach jetzt weiter.«

»Dein Garten is noch 'ne Baustelle, die Schlange muss auch noch grün gestochen werden. Wie soll'n das sonst aussehen?«

»Jaha, ist ja gut.«

Ich lag steif wie ein Brett da, biss die Zähne zusammen und versuchte Ablenkung an seinen mit Motiven zugepflasterten Wänden zu finden. Wenn es piekste und sägte, versuchte ich Bilder zu erkennen, die zu weit weg waren, als dass man sie wirklich hätte sehen können. Nur so konnte ich meine Gedanken umlenken und die Schmerzen verdrängen.

Thorsten hatte eine clevere Taktik entwickelt, mich von den Nadeln abzulenken. Er stellte Fragen, die ich nicht nur mit Ja oder Nein beantworten konnte. So brachte er mich zum Ausatmen, denn die meiste Zeit hielt ich die Luft an.

»Und? Was macht dein Laden, Claudia?«

Er tauchte seinen ›Tacker‹ in ein Farbtöpfchen und grinste mich an. Die bunten Perlen, die in seinen Bart geflochten waren, wippten.

»Du weidest dich an meinem Leid, du mieser, sadistischer Tattoo-Hüne. Aber danke, mein Laden läuft ganz gut … aua.«

Wieder surrte er über den Drachen, und ich biss mir fast die Zähne aus.

»Du, ich kenne da einen Airbrusher, der macht geile Arbeiten«, fuhr Thorsten fort. »Der hat meinen Tank am Bike lackiert ... aber erste Sahne, sag ich dir. Der könnte doch auch ein paar Särge für dich bearbeiten. Noch ein Thorsten übrigens. Der Name bürgt für Qualität.«

Er grinste; die Vorstellung, wie sein Kumpel an einem Sarg arbeitete, erheiterte ihn sichtlich.

»Klar ... au ... kannst mir dann nachher die Telefonnummer geben.«

Über eine Stunde lag ich auf dem Folterbett und hatte das Gefühl, von einer Dampfwalze bearbeitet zu werden.

Als ich für diesmal fertig war, fühlte ich mich wie eine Schildkröte, der man den Panzer abgerissen hat, aber ich konnte wenigstens wieder gleichmäßig atmen.

Thorsten schmierte mir den Drachen mit einer Heilsalbe ein und verklebte mich mit Frischhaltefolie, damit es keine bösen Verschorfungen gab.

Steif vor Schmerz verließ ich sein Atelier mit einem prächtigen Drachen und der Telefonnummer des Airbrushers.

Vor der Tür stand Thorstens schwarze Harley, und auf dem breiten, tropfenförmigen Tank blitzte ein geschliffener, funkelnder Diamant. Er war tatsächlich so wirklichkeitsgetreu gemalt, dass man beinahe hingreifen und ihn abnehmen wollte.

»Was denn, Thorsten, kein Totenkopf?«

»Nee, so viel Glücksbringer kann doch nun wirklich keiner brauchen. Hier! Hab doch genug.«

Dabei deutete er nochmals auf sein Handgelenk und lachte laut. Thorsten wusste noch, was heute meist in Vergessenheit geraten ist, nämlich dass Totenköpfe einmal Glücksbringer waren und den Tod davon abhalten sollten, sein Werk zu vollbringen.

Er strich über seinen Diamanten und freute sich über die Harley wie ein Junge über eine knallrote Feuerwehr mit Sirene.

Seine Totenköpfe und die bunten Perlen im Bart signalisierten auch, dass alle anderen ihre Hände besser von seinem »Spielzeug« ließen.

»Na, deine Totenköpfe bringen ganz sicher kein Unglück über die Maschine. Die würde ja niemand berühren wollen.«

Er war ein bisschen gekränkt, denn das Brutalo-Image des sadistischen Tätowierers gefiel ihm ebenso wenig wie mir die hagere, bleiche, geldgierige Bestatterin.

Ich lachte und provozierte ihn ein wenig: »Kommen denn auch einmal normale Leute zu dir oder nur Rocker und Zuhälter?«

Sein Adrenalinspiegel stieg sichtlich, und ich verabschiedete mich schnell.

Einige Tage lang war ich hauptsächlich damit beschäftigt, meine Wunden heilen zu lassen, die offensichtlich auch eine eigene Magie hatten. Jeder Freund und jede Bekannte klopfte bei einer Begrüßung genau auf meine schmerzende Stelle, und so zuckte ich bei jedem »Hallo« zusammen.

Als ich mich einigermaßen erholt hatte, rief ich in jener Lackiererei an und erzählte Thorsten von der Empfehlung seines Namensvetters, des Tattoo-Künstlers.

»Na, wie wollen wir das denn machen?«, erkundigte sich der Lackier-Thorsten. »Bringst du den Sarg gleich mit oder wie?«

»Nein, nein, ich werde dir erst einmal so etwa drei Urnen zum Brushen bringen, und dann sehen wir schon, wie es läuft.«

Zum verabredeten Termin kam ich in seine Firma und erblickte im Hof der Werkstatt einen frisch lackierten Porsche »im Meer«.

Ich war völlig verblüfft, wie naturgetreu Thorsten den Wagen in Meeresfarben lackiert hatte. Alle Blautöne vereinigten sich, und vom Autodach perlte das Wasser so echt herab, dass man sofort ein Tuch organisieren wollte, um es wegzuwischen.

Es sah tatsächlich aus, als wäre der Wagen direkt im Meer von Mauritius geparkt.

Aus einer Halle kam ein junger Mann gelaufen, der von Kopf bis Fuß mit Staub bedeckt war.

»Tut mir Leid, aber hier ist die Hölle los. Komm, wir gehen ins Büro.«

Thorsten schnappte sich zwei der Urnenkartons. Er wirkte mit seinen grauen Wimpern wie ein Greis.

»Sieht immer ein bisschen blöd aus, ich weiß. Willst du einen Kaffee?«

Er lachte, und als wir im Büro ankamen, stellte er mich seiner Frau vor: »Thea, das ist die Bestatterin, von der ich dir erzählt habe.«

»Aaach, grüße Sie. Zeigen Sie doch mal die Urnen. Ich habe so etwas noch nie gesehen. Kann man die mal aufmachen?«

»Klar doch.«

Thea öffnete einen Karton und hob den Deckel von der Urne. »Aha … mh.«

Sie wirkte etwas enttäuscht darüber, dass auch der Innenraum einer Urne nichts Spektakuläres an sich hat.

»Wozu sind denn diese Strippen hier?« Dabei unterdrückte sie ein Lachen und hielt die Urne wie eine Marionette in der Hand.

»Mit diesen Bändern wird die Urne dann ins Grab gelassen.«

»Ja, natürlich. Ich bin ja blöd. Die kann man ja nicht so einfach reinfallen lassen, nicht?!«

Sie gab sich recht locker und wollte sich nicht anmerken lassen, dass sie von mir und meinem Beruf verunsichert war.

»Was soll denn da jetzt draufgemacht werden?«, fragte sie. »Kreuze?«

»Um Gottes willen, keine Kreuze! Die kann ich tausendfach aus Katalogen haben.«

Langsam tastete Thorsten sich an mich heran und merkte schnell, dass ich etwas Besonderes haben wollte.

Er holte wenigstens sechs Fotomappen aus dem Regal, und bei Kaffee und Keksen bewunderte ich seine vielen Arbeiten. Bis heute sind mir die Skorpione auf einem Toilettendeckel und in einer Duschtasse in Erinnerung geblieben.

Ich schüttelte mich, und ein Ekelschauer lief mir den Rücken hinunter: »Das sieht ja unglaublich echt aus, Thorsten. So was käme mir nie ins Haus!«

Er musste lachen und zeigte mir das Foto einer Taucherflasche. Darauf waren Fische in allen Farben zu sehen, und Thorsten hatte die dritte Dimension so perfekt erarbeitet, dass die Flasche wie ein Aquarium wirkte. Man hatte tatsächlich das Gefühl, der Taucher könnte beim Atmen an den kleinen Fischen ersticken.

»Wichtig sind die Proportionen der Fische und die Farbe des Wassers. Was meinst du, wie viele Aquarien ich fotografiert habe! Blau kann ja nun jeder Lackierer auf die Flasche bringen, aber das wirkt zu kitschig. Wenn es echt aussehen soll, musst du diesen etwas diesigen Schleier hinbekommen.«

»Toll! So eine Urne will ich. Das kommt bestimmt an.«

»Okay. Dann kenne ich ja schon mal so ungefähr deinen Geschmack. Was hältst du von einer Wüstenlandschaft? Schau mal hier. Oben lass ich in Hellblau den Himmel aufreißen und im unteren Teil mache ich Sanddünen oder ein bisschen ausgedörrte Erde.«

»Lieber Dünen. Keine ausgedörrte Erde. Das bringt keine schönen Assoziationen. Vielleicht lässt du einfach einen gleißenden Strahl Licht auf eine Düne fallen?«

»Ich mache dir drauf, was du willst. Klar.«

In Bezug auf die dritte Urne verließ ich mich auf seine Kreativität und schärfte ihm nur noch ein, was ich auf keinen Fall haben wollte: »Keine Kreuze, keine abgeknickten Rosen und keine betenden Hände oder Ähnliches, Thorsten.«

»Schon verstanden, Claudia. In zwei oder drei Wochen wird alles fertig sein. Ich ruf dich dann an.«

Das tat er dann auch, und er wollte unbedingt mein Bestattungsinstitut kennen lernen.

»Ich bringe dir die Urnen hin. Du wirst staunen, und ich hoffe, du fällst bei der dritten Urne nicht in Ohnmacht.«

Ich hörte an seiner Stimme, dass er eine Überraschung für mich hatte und sich auf mein Gesicht freute.

Als er kam, wollte ich die Spannung noch ein wenig auskosten und packte zunächst die »Wüstenlandschaft« und das »Aquarium« aus. Er hatte sich einen Skorpion in der Wüste nicht verkneifen können, und ich stellte die Urne sofort aus der Hand, um nicht gepiekst zu werden. Ich hatte tatsächlich das Gefühl, dieses Tierchen krabble aus der Urne direkt über meinen Ärmel. Ich widmete meine Aufmerksamkeit lieber den Goldfischen auf der anderen Urne, welche genau jene beruhigende Wirkung auf mich hatten, die echte Fische in einem Aquarium auslösen können.

Thorsten sah sich derweil in meinem Laden um und überlegte schon, wie man meine bunten Wände durch Airbrush verändern könnte. Er bot an, aus dem ganzen Ausstellungsraum eine Art Arche Noah zu zaubern. Dabei lief er unbekümmert zwischen den Särgen auf und ab: »Man könnte auch eine Zwischenwelt darstellen. Weißt du, was ich meine? Nicht ganz Himmel und nicht ganz Erde. Mit Fabelwesen vielleicht. Ein bisschen mystischer als diese Bilder.«

Meine Wände gefielen mir immer noch, und ich verschob seine Pläne um zwei oder drei Jahre: »Lass uns erst einmal Urnen lackieren, bevor ich in deiner Fabelwelt versinke.«

Schließlich ging ich voller Spannung daran, das dritte und letzte Paket zu öffnen, und ich hoffte auf eine schöne Überraschung.

»Du, Claudia – wenn es dir nicht gefällt, mach ich es neu. Kein Ding.«

Ich griff in den dunklen Karton – und hielt eine Erdbeere in der Hand. Sie wirkte unglaublich lebensecht. Ich pflanzte sie auf einen Eichensarg aus Naturholz. Da kamen ihr Rot und das Grün der Blätter noch besser zur Geltung.

»Gefällt sie dir?«

Thorsten war plötzlich verunsichert und wusste nicht mehr so genau, ob die Erdbeere wirklich in ein Beerdigungsinstitut passte. »Thea hätte sie am liebsten behalten, so begeistert war sie auf einmal.«

Ich liebte die Erdbeere sofort und musste an das Lied vom Erdbeermund von Klaus Kinski denken.

»Einfach toll. Und wie du die kleinen gelben Kernchen tief liegend lackiert hast … Wahnsinn. Echt zum Reinbeißen. Vielleicht bekommt die ein Obsthändler? Wer weiß?«

»Na, na, na – jetzt übertreib aber mal nicht!«

Ich erzählte ihm von jenem afrikanischen Sargschreiner, der einen Sarg so gebaut hatte, dass er wie eine Zwiebel aussah, weil der, der darin begraben werden sollte, vom Zwiebelanbau lebte. Der Bauer war mit seinen Zwiebeln sehr reich geworden, und so betonte der Sarg auch sein Prestige.

Thorsten verstand plötzlich, dass es sich nicht ausschließlich um flippige Urnen handeln sollte und dass unsere Experimentierfreude einen Sinn behalten musste.

Meine Erdbeere wurde von Passanten bewundert, angelacht und ausgelacht und manchmal auch von Touristen fotografiert.

Einmal hielt sogar ein Reisebus vor meinem Geschäft. Ich kam gerade vom Zeitungskiosk und wunderte mich, dass ein Reisebus in unserer Straße anhielt und den Motor abstellte, obwohl niemand aus- oder zustieg.

Als ich meine Ladentür aufgesperrt hatte und noch einmal zu dem Bus hinübersah, merkte ich, dass die Insassen lachten und der Busfahrer winkte. Und da wurde mir klar, dass es sich um ein Sightseeing der anderen Art handelte.

Drei ältere Herren stiegen aus und kamen über die Straße

gelaufen. Sie fuchtelten wild mit ihren Fotoapparaten herum: »Dürfen wir schnell ein Foto machen? Das ist ja unglaublich. Wofür ist denn die Erdbeere da?«, fragte ein Herr mit holländischem Akzent.

»Das ist eine Urne.«

Die drei konnten es nicht fassen. Es ist immer wieder erstaunlich, wie sehr eine abweichende farbliche Gestaltung einen Gegenstand verfremden kann. Neben meiner Erdbeerurne standen drei Urnen in exakt der gleichen Form, aber in der üblichen Silberfarbe. Obwohl die drei Männer wussten, in welcher Art von Geschäft sie sich befanden, gelang es ihnen nicht, das erdbeerfarbige Gefäß als Urne zu begreifen.

Normalerweise beschränkt sich die Auswahl von Motiven auf Kreuze, betende Hände und abgeknickte Rosen. Die Macht dieser Gewohnheit wurde durch die Erdbeere gebrochen, und das gefiel mir sehr und bestätigte mich darin, die vielen eingebrannten Bilder vom Tod zu verändern und sympathischer zu machen.

Die Erdbeere wurde meine Lieblingsurne, und ich war fest entschlossen, sie nicht zu verkaufen.

Da rief mich eines Tages eine sehr freundliche Frau aus Karlsruhe an und erzählte mir, sie hätte bei einem Berlinaufenthalt in Kreuzberg Freunde besucht und bei dieser Gelegenheit meinen Laden gesehen. Die Frau, die sich als Greta Ackermann vorstellte, war sehr angetan von meinem bunten Konzept und kam sofort zur Sache:

»Ich muss diese wunderbare Erdbeerurne unbedingt haben. Geht das? Können Sie mir die Urne nach Kassel schicken?«

Sofort wallte in mir kindlicher Trotz auf; ich wollte mein schönes Spielzeug nicht hergeben. Ich sagte ihr, dass die Urne nur im Zusammenhang mit einer Bestattung zu kaufen wäre: »Darf ich fragen, wofür Sie sie brauchen?«

»Ach, ich finde die so wahnsinnig schön, dass ich sie mir zu

Hause aufstellen möchte, und wenn ich mal sterbe, hätte ich gleich eine Urne.«

Dabei lachte Frau Ackermann ein bisschen verlegen, weil sie wohl annahm, ich könnte sie für eine Verrückte oder Todessehnsüchtige halten.

»Das ist im Grunde eine schöne Idee, aber ich kann Ihnen die Urne leider nicht verkaufen«, sagte ich mit fester Stimme.

Als wir uns verabschiedeten, hörte ich die Enttäuschung aus ihrer Stimme deutlich heraus.

Ich lachte über mich selbst: ein Kaufmann, der seine Waren nicht verkaufen will. Ich hätte jederzeit beliebig viele solche Urnen nachbestellen können, aber ich war wie ein eifersüchtiger Liebhaber: Ich wollte die Erdbeerurne allein besitzen, keiner sollte eine gleiche haben.

Etwa drei Wochen später rief ein Rolf Weber an, der sich sehr um einen getragenen Tonfall bemühte, und sagte, er brauche für die Bestattung eines Freundes eine Urne. Auch er hatte angeblich die Erdbeerurne in meinem Geschäft gesehen und fragte gleich, wann er sie abholen könnte. Mir kam sofort der Verdacht, dass die junge Frau aus Karlsruhe dahintersteckte. Sie hatte wohl ihren Freund in Berlin angestiftet, die Urne für sie zu kaufen. (Eifersüchtige Liebhaber sind sehr hellhörig!)

»Tut mir Leid«, sagte ich. »Ich verkaufe die Urne nur im Zusammenhang mit einer von mir organisierten Bestattung.«

Ich klammerte mich immer noch an mein Spielzeug.

Herr Weber war enttäuscht, gab aber noch nicht auf: »Können Sie da nicht eine Ausnahme machen? Sie sind doch sonst auch dafür, außergewöhnliche Wege zu gehen. Lassen Sie doch Ihre Prinzipien mal beiseite.«

»Es gefällt mir ja auch, dass Sie die Urne für die Beerdigung Ihres Freundes« – die beiden letzten Worte betonte ich besonders – »kaufen möchten, aber es bleibt dabei: Diese Urne gibt es nur, wenn ich die Bestattung durchführe.«

Er fühlte sich ertappt. »Na ja, dann will ich Sie mal nicht

länger drängeln«, sagte er. »Da kann man wohl nichts machen.«

Er legte auf. Und ich freute mich im Grunde, dass zwei Menschen sich solche Mühe gaben, um eine Erdbeere der besonderen Art zu ergattern. Aber ich blieb bei meinem Vorsatz, mich nicht von ihr zu trennen.

Nach weiteren zwei Wochen betrat ein sehr nettes Paar – etwa in meinem Alter – meinen Laden. »Können Sie sich wirklich nicht dazu durchringen, uns die wunderschöne Erdbeere zu verkaufen?«

Ich lachte über so viel kindliche Beharrlichkeit und lud die beiden zu einem Kaffee ein.

Ich hatte spontan entschieden, die Urne herzugeben. »Was werden Sie mit ihr anstellen?«, fragte ich.

Es waren muntere junge Leute mit Sonnenbrillen im Haar, Doc-Martens-Schuhen und Jeans.

»Ich werde die Urne vielleicht sogar als Bonbonniere benutzen. Ist doch witzig: Ich fülle sie im Leben mit Erdbeerbonbons, und später füllt jemand meine Asche hinein.«

Greta Ackermann lachte ein wenig verlegen, aber ich konnte sie sehr gut verstehen.

Vielleicht liegt es in der Natur meiner Generation, sich auch mit der Romantik des Todes zu befassen. Ich habe manchmal das Gefühl, dass unsere schnelllebige Wegwerfgesellschaft mehr an den Tod denkt, als es früher der Fall war. Man plant nicht mehr so weit in die Zukunft wie die Generation meiner Großmutter.

Der Tod ist nicht zuletzt durch Aids nah an uns herangerückt und zwingt uns zu einer Auseinandersetzung. Wir sind Wohlstandskinder in Partylaune und kennen Not und Angst des Krieges nicht wie noch die Generation vor uns. Ich glaube, das ist der Grund für unseren lockereren Umgang mit Tod und Sterben, für das unbelastete Spiel mit Utensilien wie Totenköpfen, kleinen Skeletten oder eben Erdbeerurnen.

Rolf und Greta plädierten für die Feuerbestattung: »Es geht irgendwie schneller und sauberer. Wir wollen nicht langsam von den Würmern gefressen werden.«

Rolf schüttelte sich vor Ekel bei diesem Gedanken.

Greta versuchte ihn von diesem Thema abzulenken, aber ich hatte noch eine Frage: »Glauben Sie, dass eine Erdbestattung ›unsauber‹ ist?«

Ich verstand nicht ganz, denn das Wort »sauber« hatte ich bis dahin noch nie in Zusammenhang mit einer Bestattung gebracht.

»Ja«, sagte Rolf. »Verbrennen geht schneller. Eine schreckliche Vorstellung, jahrelang unter der Erde zu vergammeln. Ich möchte auch, dass das Sterben schnell geht, wenn es schon sein muss.«

Ich verstand, dass unsere schnelle Gesellschaft den Gedanken an ein langsames Sterben und eine allmähliche Auflösung fast unmöglich macht.

Schnell sterben, keinem zur Last fallen und durch die Feuerbestattung schnell ins Jenseits kommen, das scheint die Devise zu sein.

Greta sah auf die Uhr, und die beiden rüsteten sich zum Aufbruch: »Tja, wir müssen dann mal langsam, aber es war echt nett, mit Ihnen zu reden.«

Ich verpackte die Erdbeere und sie gingen, sichtlich zufrieden, dass sie das Objekt ihrer Begierde erobert hatten.

Batmans Beerdigung

Ich habe gar nicht selten mit dem Tod von Kindern zu tun. Mein farbenreiches Konzept spricht viele Eltern an, die ein Kind beerdigen müssen.

Etwas ungewöhnlich war die Bestattung des fünfjährigen Benjamin Gehrig, der an Leukämie gestorben war. Als alle Therapiemöglichkeiten erschöpft waren, hatten seine Eltern ihn aus dem Krankenhaus nach Hause geholt. Benjamin starb in den Armen der Eltern, und sie behielten den Jungen noch zwei Tage bei sich, um in Ruhe von ihm Abschied nehmen zu können. Sie banden ihm das Kinn mit einem weichen Seidentuch hoch und drückten ihm selbst die Augen zu.

Kein Fremder sollte ihn ankleiden oder waschen, und so bereiteten sie ihn selbst für die Beerdigung vor. Sie zogen ihm eine Latzhose, einen Strickpullover und dicke Wollstrümpfe an, damit er im Sarg nicht frieren müsste.

Die Eltern Gehrig waren am Ende ihrer Kraft, als sie bei mir anriefen.

»Holen Sie Benjamin mit einem weißen Sarg ab«, baten sie. »Wir wollen nichts, was einen kalten oder dunklen Eindruck macht. In einem weißen Sarg ist unser Kleiner besser aufgehoben.«

Die Mutter bezog ein Kissen und eine dünne Decke mit der Lieblingsbettwäsche des Jungen. Die Bezüge waren tiefschwarz, und in einem satten Gelb war Batmans große Fledermaus darauf gedruckt.

Sie legten dem Kind sein Batmobil und einen zerrauften Teddybären, der während der langen Krankenhausaufenthalte sein Gefährte gewesen war, in den Arm.

Benjamin hatte Batman über alles geliebt, und er hatte eine komplette Ausrüstung besessen, mit der er sich in sein Idol verwandeln konnte.

Als ich mich mit den Eltern traf, um die Beerdigung zu besprechen, gaben sie mir ein Foto, auf dem sich der Kleine stolz in seinem Batman-Kostüm zeigte. Das sollte bei der Trauerfeier neben seinem Sarg aufgestellt werden.

Beide waren gezeichnet von den vielen Monaten, Tagen und

Nächten, in denen sie zwischen Hoffnung und Verzweiflung hin und her gerissen gewesen waren.

Sie sprachen sehr viel über die Erfahrungen, die sie mit der Krankheit ihres Jungen gemacht hatten, und auch über die vielen Gespräche mit den Ärzten und anderen Eltern, deren Kinder ebenfalls an Krebs erkrankt waren.

»Ich bin froh, dass mein Junge sich nicht mehr so entsetzlich quälen muss.« Die Mutter war ganz ruhig und stark, und ich konnte sehen, dass sie einen langen, dunklen Weg beschritten hatte, der für sie nun heller wurde.

»Benjamin war fünf Jahre alt und hat mir mehr Kraft, Mut und Liebe gegeben, als mir je ein Mensch in meinem Alter hat geben können«, sagte Frau Gehrig. »Manchmal schien er mir so reif und weise. Ich habe das Gefühl, dass er sich um uns mehr Sorgen machte als um seinen eigenen Tod.«

»Wir sind beide Anwälte«, fügte der Vater hinzu, »und Benjamin hat versprochen, im Himmel dafür zu sorgen, dass wir alle Prozesse gewinnen.«

Sie wollten bei der Trauerzeremonie mit ihrem Kind allein sein, um der Händeschüttelei am Grab zu entgehen. Beide wollten jene innere Stille nicht mit Gesprächen auf dem Friedhof überdecken.

»Wir haben im Krankenhaus zu viele fremde Menschen um uns herum gehabt«, sagte Herr Gehrig. »Die Geräusche von medizinischen Apparaturen und die Unterhaltungen der Krankenschwestern haben uns in der letzten Zeit sehr gestört. Alle waren sehr nett und freundlich, aber ich kann weiße Kittel und Krankenhauszimmer wohl sehr lange nicht mehr sehen.«

Erst zu Hause hatten beide die nötige Ruhe und Vertrautheit gefunden, um ihrem Jungen innig Lebewohl sagen zu können.

»Als er gestorben war, haben wir ihm lange Zeit Wangen und Hände gestreichelt«, sagte die Mutter. »Niemand hat uns dabei unterbrochen. Es war schön, ihn die zwei Tage bei uns behalten zu können, und ein richtiger Entschluss, ihn nicht im Krankenhaus sterben zu lassen.«

Gehrigs hatten ein Familiengrab, und der Junge sollte bei seinen Großeltern beerdigt werden.

Die Mutter wollte Batmans Zeichen aus Blumen auf dem Sarg dekorieren. Sie hatte aus einem Styroporblock die Fledermaus ausgeschnitten und kurz vor der Trauerfeier mit gelben Rosenköpfen besteckt.

Als der weiße Sarg in der Friedhofskapelle stand, legte sie ihr Blumengesteck selbst auf den Sarg und daneben eine rote Baseballmütze, die der Junge getragen hatte, damit man nicht sah, dass er durch die Chemotherapie seine Haare verloren hatte.

Vor den Sarg stellten wir das Foto des Jungen, auf dem er in der Verkleidung seines Helden zu sehen war. Die Eltern hatten eine Tasche voller Teelichter mitgebracht, und wir dekorierten sie um den Sarg herum.

Als wir die Kerzen entzündet hatten, bekam ich das Gefühl, dass das Licht dem Jungen helfen würde, seinen Weg zu finden. Der Raum um den Sarg herum hatte eine warme Atmosphäre bekommen.

Die Eltern umarmten sich, als sie ihr Kind in einem Meer von Lichtern sahen, und wieder empfand ich diesen kurzen Moment des Glücks.

Sie hatten sich bis zum Schluss ihren Jungen nicht aus den Händen nehmen lassen. Sie konnten ihn zu Hause verabschieden, ihn waschen und ihm selbst die eigene Kleidung anziehen. Sie waren es, die ihm die Augen geschlossen hatten, und sie selbst legten ihn in seiner Lieblingsbettwäsche in den Sarg.

Sie hatten ihn auf diese Welt gebracht, und sie hatten ihm geholfen, von dieser Welt Abschied zu nehmen.

Die Eltern hatten einen Krankenhausseelsorger gebeten, die Zeremonie für sie und ihr Kind abzuhalten, denn er hatte den Jungen auch zu seinen Lebzeiten gekannt; nur ihm trauten sie zu, die passenden Worte und Bibelverse zu finden.

Als er die Eltern bat, sich zum letzten Mal zu verabschieden, verließ ich die Friedhofskapelle und wartete draußen, bis die Friedhofsträger den Sarg zum Grab tragen müssten. Ich bat sie inständig, auf ein eventuelles »So Gott will« am Sarg oder am Grab zu verzichten, um die Eltern nicht abrupt aus ihrer Versenkung zu reißen.

Mir ist aufgefallen, dass sich beim Tod eines Kindes alle Beteiligten ungleich einfühlsamer verhalten als beim Tod eines alten Menschen. Das ist ja auch leicht verständlich. Mit dem Tod eines Kindes stirbt die Hoffnung auf die Zukunft. Und es kommt auch immer dieser Zorn auf: Warum muss das sein? Warum kommen Kinder tot zur Welt, fallen einem Unfall zum Opfer oder müssen sich jahrelang mit Krebs quälen?

Einen gewissen Trost habe ich in einer Postkarte gefunden, die mir einmal eine Freundin aus dem Urlaub in Amerika geschickt hat.

Auf der Karte war ein junger, muskulöser Mann zu sehen, ein Bild von Kraft und Gesundheit. Vor ihm stand eine Engelsfigur mit gesenktem Haupt, und der Mann legte seine Stirn auf die ausgestreckte Hand des Engels.

Meine Freundin war der Meinung, die Karte passe sehr gut zu meinem bunten Konzept, und sie sollte Recht behalten.

Ich schlug die Karte auf und las den Text, und er lieferte mir tatsächlich eine mögliche Antwort auf meine Fragen:

I wonder at times why some are chosen
to leave so soon. Then I remember
who has left, and I know God
must have wanted them home
because he missed them.

(Oft frage ich mich, warum manche so früh gehen müssen. Dann überlege ich, was das für Menschen waren, und ich erkenne, dass Gott Sehnsucht nach ihnen hatte und sie bei sich haben wollte.)

Ob Gott wohl auch Sehnsucht nach meiner Mutter gehabt hatte? Vielleicht hat sie in sich eine Stimme gehört, die sagte: »Geh jetzt!«, oder vielleicht auch: »Komm jetzt!«

Es ist ein tröstlicher Gedanke.

Das klingt wahrscheinlich frömmer, als es gemeint ist. Ich habe keine rechte Beziehung zur Religion und auch nur eine sehr vage Vorstellung vom Jenseits oder von Gott. Ich glaube sicher, dass nach dem Tod noch etwas kommt, aber was?

Wie Mama über solche Fragen dachte, weiß ich nicht. Darüber haben wir nie gesprochen. Mein Weltbild wurde von meiner Oma geprägt. Oma war eine Berlinerin wie aus dem Bilderbuch: realistisch, direkt bis zur Grobheit und völlig dem Diesseits zugewandt. Sie war, was man eine »patente Frau« nennt, und eine Kämpfernatur; nichts konnte sie umwerfen, und sie war für mich immer ein starker Halt in den Wirrnissen unserer komplizierten Familienverhältnisse.

Sie hat nie mit uns über Kirche oder Religion geredet, und die Rommé-Partien mit ihrer besten Freundin Elli waren ihr an den Sonntagen wichtiger als ein Gang in die Kirche. Den Pfarrer mochte sie aber trotzdem.

Die anderen Jugendlichen aus unserem Haus sind oft zu ihr gekommen und haben mit ihr Kaffee getrunken und geplaudert. Sie ließ sich ihre Geschichten erzählen und half ihnen aus der Klemme, wenn sie Ärger oder Kummer hatten. Sie war die Oma für sämtliche Mieter im Haus.

Als ich etwa vier oder fünf Jahre alt war, brachte sie mir und Sabine ein erstes Gebet bei: »Lieber Gott, mach mich fromm, dass ich in den Himmel komm. Beschütze meinen Vater, meine

Mutter und alle, die ich kenne.« Ich fügte im Stillen immer noch hinzu: »Und mach bitte, dass ich bald in die Schule komme.«

In meiner Phantasie formte sich ein netter älterer Herr, der weit oben auf den Wolken saß und jeden hören konnte, der die Hände gefaltet hatte und betete.

Er war also dafür zuständig, uns zu beschützen, unsere Wünsche zu erfüllen und dafür zu sorgen, dass hier unten alles klappte. Wahrscheinlich hatte er in meiner kindlichen Idee Ähnlichkeit mit dem Weihnachtsmann: ein weißer Bart, immer ein freundliches Lächeln und ein großer Sack voller Geschenke.

Die Einsegnung war mein letzter Kontakt zu Religion und Kirche.

Die innere Stimme

Erst als ich erwachsen war und schon mein eigenes Bestattungsinstitut hatte, kam ich durch die Begegnung mit einer Pfarrerin wieder in nähere Berührung mit der Religion.

Eine junge Frau rief mich aus einem Krankenhaus an. Sie hatte ein totes Kind geboren.

»Bitte kommen Sie zu mir ins Krankenhaus, um die Bestattung zu besprechen«, bat sie weinend. »Mein Kind ist in der Pathologie, und ich möchte es nicht allein lassen.«

Das Krankenhaus konnte ihr keinen anderen Raum für den Abschied zur Verfügung stellen.

Als ich in die Empfangshalle des Krankenhauses trat, kam eine kleine Frau zielstrebig auf mich zu. Ihre runden Brillengläser passten zu ihrem heiteren Wesen, und ihre schwarzen

Locken wippten lebendig bei jedem Schritt. Sie schüttelte mir kräftig die Hand.

»Guten Tag, ich heiße Isolde Sattler und bin Seelsorgerin hier im Krankenhaus. Frau Karg steht noch unter Schock, und es ist vielleicht gut, wenn ich bei Ihrem Gespräch dabei bin.«

Tatsächlich war Frau Karg kaum in der Lage, mit mir zu reden, und ich war Frau Sattler sehr dankbar für ihren Beistand.

Die Eltern Karg wünschten sich eine Erdbestattung.

»Wir haben gehört, dass es auf manchen Friedhöfen einen eigenen Grabbereich für sehr junge Kinder gibt. Da soll unsere kleine Martha zwischen anderen Kindern liegen.«

Tatsächlich gibt es viele Friedhöfe, die für Kinder gesonderte Bereiche angelegt haben, um den Eltern den Trost zu geben, dass ihr Kind nicht allein zwischen lauter Erwachsenen beerdigt wird.

Ich gehe gerne in diesen Bereichen spazieren, weil die Gräber dort mit bunten Windrädern oder Stofftieren dekoriert sind und weil dort viele Windlichter auf den Gräbern leuchten. Auf den Grabsteinen sind Bilder von Spielzeugen oder Fantasiefiguren eingemeißelt, und neben den Namen stehen oft Textzeilen aus Märchen oder Gedichten.

Die Eltern hatten kurz nach der Geburt Polaroidfotos von ihrem toten Kind gemacht, um sich genau einprägen zu können, wie es ausgesehen hatte, und um später eine Erinnerung zu haben.

»Wollen Sie die Bilder sehen?«, fragten sie.

Natürlich wollte ich. Ich war sehr ergriffen, als ich die Fotos des kleinen Mädchens betrachtete. Es sah genauso aus wie ein schlafendes Neugeborenes, und trotzdem merkte man, dass es tot war.

Die Hebammen des Krankenhauses überreichten den Eltern einen schönen Klappkarton mit den Fuß- und Handabdrücken des Kindes. Der Name Martha stand in Schmuckschrift darauf. So war etwas von dem Kind geblieben, woran sich die Eltern ein wenig festhalten konnten.

Am Tag der Beerdigung vollzog die Pfarrerin eine Aussegnung am Grab; sie hatte für die Eltern und das Kind schöne und passende Verse aus der Bibel herausgesucht.

Wir hatten viele Blüten von Rosen und Sonnenblumen um das Grab gestreut und einen kleinen Drachen in Regenbogenfarben an einen Stock gebunden, der in der Erde steckte.

Isolde Sattler, die Krankenhausseelsorgerin, hatte von meinem bunten Konzept schon vorher gehört. Einige Zeit nach Marthas Beerdigung kam sie in mein Geschäft, heiter und voller Leben.

»Guten Tag!«, rief sie. »Jetzt möchte ich doch einmal selbst sehen, was bei Ihnen so anders ist.«

Ich begrüßte sie voll Freude. »Wie schön, dass Sie kommen«, sagte ich aufrichtig.

»Aha, das sind ja hier lustige Urnen. So plüschig ... und die bunten Wände. Das ist alles ziemlich neu für mich.«

Sie war nicht spontan begeistert, das merkte ich deutlich, aber sie lehnte mein Konzept auch nicht ab. Das freute mich, denn diese Pfarrerin war mir sympathisch. Sie strahlte jene warme Heiterkeit aus, die ich bisher nur bei Buddhisten gekannt hatte.

Ich hatte das starke Gefühl, dass sie nicht nur in der Bibel las, sondern ihre Religion auch lebte. Ihre Ausstrahlung zeigte mir, dass sie an Gott glaubte und dass sie ihre Arbeit liebte.

Wir kamen ins Gespräch, und sie erzählte mir von einer Erfahrung in ihrem Leben, die sie sehr mitgenommen hatte und die für sie eine Triebfeder blieb, ihre Arbeit immer nach ihrer inneren Stimme auszurichten:

»Ich war noch sehr jung und hatte gerade begonnen, als Seelsorgerin in einem Krankenhaus zu arbeiten. Ich hatte unter anderem ein schwer krankes Mädchen zu betreuen, und da es keine Eltern oder Verwandten gab, blieb ich auch in meiner Freizeit oft bei ihr, damit sie nicht einsam war.

Natürlich hatte ich auch sonst eine Menge zu tun, und so blieb mir kaum Zeit für mich selbst. Zwischen den Behandlungen war Eva immer wieder vom Krankenhaus in ein Pflegeheim gebracht worden, aber ich wollte mich dafür stark machen, dass sie in diesen Zeiten bei mir wohnen durfte. Meine Familie machte sich Sorgen um mich.

›Du bist zu blass, du siehst mitgenommen aus‹, hieß es ständig. ›Lass dich nicht zu sehr auf diese Geschichte ein. Auch in unserer Familie gibt es Kinder, um die du dich kümmern könntest‹, sagte meine Mutter. Und Vater mahnte: ›Man muss auch loslassen können. Du mutest dir zu viel zu.‹

So ging das wochenlang. Schließlich ließ ich mich überreden, in den Urlaub zu fahren, um auszuspannen und Abstand gewinnen. Aber ich fuhr ungern, nur meinen Eltern zuliebe. Und einen Tag nach meiner Abreise starb Eva allein im Krankenhaus. Von dem Tag an habe ich nicht mehr auf die Stimmen von anderen Menschen gehört, sondern ausschließlich auf meine eigene. Ich konnte es mir nicht verzeihen, dass ich gegen meine innere Überzeugung fortgefahren bin.«

Als ich über diese Geschichte nachdachte, wurde mir klar, was bei Mama die Wurzel allen Übels gewesen war: Sie hatte nie eine solche innere Stimme gehabt, die ihr den Weg zeigte, der für sie richtig gewesen wäre. Mama hatte immer auf andere Menschen gehört und war ständig im Zwiespalt gewesen. .

Kümmerte sie sich um ihren trunksüchtigen Freund, wurde ihr vorgeworfen, sie vernachlässige ihre Kinder. Wandte sie sich aber mehr uns zu, überhäufte sie der Freund mit Anklagen, um ihre volle Aufmerksamkeit zurückzuerobern.

Sie hatte als Mädchen auch nie gewagt, einen Berufswunsch

zu äußern – oder vielleicht hatte sie auch gar nicht gewagt, überhaupt einen Wunsch zu haben. So arbeitete sie willig in der Fleischerei ihrer Eltern mit. Oma Prauß kommandierte, und sie gehorchte.

Wenn ich die Briefe lese, die sie uns Kindern aus dem Urlaub geschrieben hat, dann sehe ich, wie viel Talent zum Schreiben sie hatte, wie anschaulich und witzig sie kleine Begebenheiten schilderte. Aber sie ist offenbar nie auf den Gedanken gekommen, aus dieser Begabung etwas zu machen.

Erst jetzt, wo ich fast im gleichen Alter bin, in dem Mama war, als sie uns verließ, kann ich erkennen, dass all ihre Stärke, ihr souveränes Auftreten nur Fassade war. Innerlich war sie immer geduckt. Und wahrscheinlich hasste sie sich dafür, dass sie ihr Leben nie selbst in die Hand genommen hatte.

Die Urnenpanne

Im siebten Jahr meiner Karriere als Bestatterin stellte ich bei mir Ermüdungserscheinungen fest. Ich war immer die Außergewöhnliche, Alternative oder Schrille und galt in meiner grau-schwarzen Branche als schwarzes Schaf, das ein wenig schief beäugt wurde. Mein Ruf als Enfant terrible der Bestatterinnung zog andere Kreative aus dem Off an, und ich lernte viele interessante Menschen und Geschichten kennen. Im Allgemeinen fühlte ich mich wohl in meiner Rolle und hatte viele beeindruckende Begegnungen mit Menschen, die ich als normale Bestatterin wahrscheinlich nicht angelockt hätte.

Und Erlebnisse wie mit der Erdbeerurne und dem Plüschsarg wären mir ohne mein buntes Geschäft entgangen. Dass diese beiden doch recht gewagten Bestattungsutensilien nicht nur meinen Laden schmückten, sondern tatsächlich gekauft wurden, bestärkte mich in meiner Überzeugung, dass Trauer durch Farbe nicht geschmälert wird.

Aber genau die Tatsache, dass Gefühle wie Trauer, Kummer und vielleicht auch Wut weder ignoriert noch geschmälert werden können, deprimierte mich auf die Dauer. Egal wie bunt oder plüschig eine Kiste auch in meinem Laden schillert – wenn ein toter Mensch hineingelegt wird, kann auch der Plüsch nicht vergessen machen, dass der Mensch tot und die Kiste ein Sarg ist.

Mir wurde klar, dass ich das Tabu nicht brach, sondern nur anmalte, um den Tod etwas ansehnlicher zu machen. Mein Thema zog mich tatsächlich hinunter, und nach sieben Jahren verstand ich endlich, warum niemand darüber sprechen wollte, weil ich selbst auch nicht mehr darüber reden mochte.

Tagein, tagaus philosophierte ich mit Hinterbliebenen, Urnen- und Sargherstellern, Künstlern, Ärzten und Freunden über Tod und Sterben, oder ich spekulierte mit ihnen über das Jenseits und das Diesseits.

Und allmählich beschlichen mich genau jene Gedanken, die ich zuvor bei anderen Menschen bekämpft hatte: »Warum soll ich eigentlich über den Tod nachdenken? Er kommt so oder so! Stürze ich mich doch einfach nur ins pralle Leben?!«

Wahrscheinlich war es Zeit auszusteigen. Ich konnte doch genauso gut an einem schönen, sonnigen Strand Badelatschen an gut gelaunte Urlauber verkaufen, die mir im schlimmsten Fall erzählen würden, dass ihr Hotelzimmer ausgeraubt wurde.

Ich wurde plötzlich sehr ungemütlich, wenn ich auf Partys mit dem Nachschlag vorgestellt wurde: »Das ist Claudia … du weißt doch? Hab ich dir doch erzählt! Claudia ist die mit dem bunten Bestattungsinstitut!«

Die meisten knüpften sofort an diese Vorstellung an und wollten Näheres wissen, aber ich fuhr ihnen über den Mund:

»Ich würde recht gerne ohne den Sensenmann meinen Nudel-salat essen!«

Die verdatterten Gesichter signalisierten mir, dass ich wohl für einen Urlaub fällig war und die Badelatschen recht gut selbst brauchen konnte.

Aber erst eine katastrophale Panne veranlasste mich, direkt ins Reisebüro zu marschieren, um einen Flug ans Meer zu buchen.

Ein Mann kam auf Empfehlung einer gemeinsamen Bekannten zu mir, um seinen Freund beerdigen zu lassen. Er war elegant gekleidet und vielleicht fünfundvierzig Jahre alt.

»Guten Tag, ich bin Lutz. Ich habe gehört, dass Sie sich nach den Wünschen der Hinterbliebenen richten und dass man sich auf Ihre Arbeit verlassen kann.«

Er wollte eine Trauerzeremonie auf dem Friedhof durchführen, auf dem Marlene Dietrich beerdigt ist. Nach der Zeremonie sollte sein Freund im Krematorium verbrannt werden, und die Urnenbeisetzung sollte später in Anwesenheit der engsten Freunde auf dem »Marlene-Friedhof« stattfinden.

Weder die Zeremonie noch der Sarg sollte pompös sein, weil es nicht zu dem Verstorbenen gepasst hätte.

»Mein Freund mochte überhaupt keinen Glamour und Glitter. Ich möchte einen schlichten Sarg, ganz ohne Schnitzereien und Verzierungen. Er mochte in jeder Beziehung eher die geraden und einfachen Linien.«

»Selbstverständlich, da richte ich mich ganz nach Ihnen.«

»Wir haben seit über zwanzig Jahren zusammengelebt ...«

Lutz verfiel in eine stille Andacht. »Er war ein Fan von Marlene«, sagte er und fuhr sich mit beiden Händen über das Gesicht, als wollte er sich für das Gespräch wieder wach machen.

Aus meinem Katalog suchte er für seinen Freund einen hellen Sarg aus Ahornholz aus; er wollte ihn selbst mit Tulpen schmücken, da er gelernter Landschaftsgärtner war.

»Die Zeremonie wird eine Pfarrerin abhalten. Eigentlich war Matthias ja kein Kirchgänger, aber ich möchte, dass er eine christliche Trauerfeier bekommt, weil er auch nicht aus der Kirche ausgetreten ist.«

Er hatte eine Vorlage für die Trauerkarte mitgebracht, mit der Familie und Freunde benachrichtigt werden sollten.

Auf dem Deckblatt stand in kleinen Lettern: »Matthias ist tot.« Auf der zweiten Seite stand der volle Name des Verstorbenen mit seinem Geburts- und Sterbedatum. Die dritte Seite sollte komplett ausgefüllt sein mit einem Blumendruck in Blau und Rot von Andy Warhol. Und auf der Rückseite der Karte stand der Termin für die Beisetzung.

»Das ist ja unglaublich schön«, sagte ich. »Eine so minimalistische und dabei eindrucksvolle Karte habe ich noch nie gesehen.«

»Ich finde diese dicke, große und schwarze Schrift und die breiten Trauerränder auch in Anzeigen furchtbar«, sagte Lutz. »Als wolle man jemand damit erschlagen. Die kleine Schrift reicht absolut aus – der Tod ist schon groß genug.«

Ich ließ der Druckerei den Entwurf per Fax zukommen, und Lutz war sichtlich stolz, als die Leute sofort zurückriefen und ihre Begeisterung über die Karte äußerten.

»Hätten Sie gern Blumenschmuck bei der Trauerfeier?«, fragte ich.

Auch das hatte er schon geplant: »Am Tag der Trauerfeier gehe ich morgens auf den Friedhof und schmücke den Sarg mit frischen Blumen.«

Seine Augen wurden feucht. »Es ist das erste Mal, dass ich einen Sarg schmücke. Bisher habe ich mich um die Blumen auf unserer Terrasse gekümmert, und jetzt ...«

Nun ließ er den Tränen freien Lauf und stieß hervor:

»Mann, so eine Scheiße, ich will den Matze wieder zurück. Lassen Sie uns das jetzt mal hier zu Ende bringen.«

Er fasste sich wieder und kam zu dem Thema, das ihn am meisten bewegte – der Urnenbeisetzung.

Er wollte, dass die Urne aus dem Krematorium in ein Gefäß gesetzt würde, das unter der Erde nicht kaputtginge.

»Können wir da eine Schmuckurne aus Bronze oder Marmor nehmen? Am liebsten würde ich sie luftdicht versiegeln lassen. Geht das?«

»Tut mir Leid, dieser Wunsch lässt sich in Berlin nicht erfüllen. Das ist im Bestattungsgesetz festgelegt, wo es ausdrücklich heißt: ›Eine Urne muss stabil, aber innerhalb der Ruhefrist von zwanzig Jahren vergänglich sein.‹«

»Ich werde Berlin wahrscheinlich in einigen Jahren verlassen, und dann will ich das Grab meines Freundes hier auflösen. Ich möchte die Urne dann dort, wo ich hinziehe, bestatten lassen. Das geht doch wenigstens, oder?«

Die Umbettung von einem Friedhof zu einem anderen stellt kein Problem dar, aber aus dem Stegreif wusste ich auch nicht, wie lange sich die Krematoriumsurnen unter der Erde hielten. Ich rief den Friedhof an und fragte, ob man bezüglich der Schmuckurne eine Ausnahme machen könne, da eine Umbettung vorgesehen sei.

Die Dame vom Friedhofsamt lehnte natürlich ab: »Na, Frau Marschner! Wissen Sie das nach so langer Zeit immer noch nicht? Wir dürfen nur verrottbares Material zulassen!«

»Ich weiß, aber es hätte ja sein können, dass Sie ganz einfach nur hilfsbereit sind.«

»Sie stellen sich das hier alles so einfach vor. Wenn das jeder machen würde, hätten wir bald keinen Überblick mehr.«

»Sie bräuchten sich doch nur eine Notiz auf der Grabkarte zumachen, dann hätten Sie einen Überblick – aber danke, ich will nicht länger stören.«

Ich würgte das Gespräch schnell ab, weil ich auswendig

wusste, was kommen würde: Gejammer wegen ihrer Überlastung und Vorwürfe, weil ich immer Extrawürste haben wollte.

Ich schlug Lutz vor, zunächst eine ganz einfache Schmuckurne von der Sorte zu wählen, die in Berlin zugelassen war. »Etwas anderes bleibt uns gar nicht übrig«, schloss ich.

»Was mache ich aber, wenn die Urne nach zehn Jahren verrottet ist? Dann kann ich die Umbettung vergessen.«

Lutz hatte sich völlig verbohrt in die Idee, bei einem Umzug die Asche seines Freundes mitzunehmen. Er rauchte nervös.

»Die Schmuckurne, die wir nehmen können, wird auch eine Zeit halten und den Zerfall verzögern. So schnell geht das nun auch nicht«, beruhigte ich ihn. Das Lamentieren hatte keinen Zweck, weil es keine Alternative gab.

»Dann werde ich eben nach fünf Jahren das Grab nochmals öffnen lassen und die Schmuckurne austauschen«, sagte Lutz störrisch.

Der Gedanke, dass die Urne und die Asche seines Freundes nach zehn Jahren aufgelöst sein könnten, war ihm offenbar unerträglich. Er gab noch nicht auf. »Ich könnte denen doch eine Bestätigung oder Bescheinigung geben, dass ich die Urne tatsächlich nach zehn Jahren umbetten lasse«, schlug er vor. »Dann könnte der Friedhof doch eine Ausnahme zulassen?«

»Nichts zu machen, Lutz«, sagte ich. »Ich kenne den Betrieb. Die einzige Möglichkeit ist wirklich, das Grab nach fünf Jahren nochmals öffnen zu lassen und die Schmuckurne auszutauschen.«

Ich versuchte, seine Gedanken auf die Zeremonie zu lenken, aber er sagte: »Wegen der Trauerfeier mache ich mir keine Sorge. Die Pfarrerin wird eine sehr schöne Rede vorbereiten. Wir haben wunderbare Verse in der Bibel gefunden, die sie nach der Einleitungsmusik verliest. Am Ende sprechen wir ein Gebet, und nach der Abschlussmusik gehen wir dann alle zum Grab, dort wird sie dann noch mal einen Vers aus der Bibel lesen. – Jetzt muss ich erst einmal diese Urnengeschichte verdauen. Aber da können wir jetzt nichts machen, und Sie haben bestimmt auch Recht: Die einfache Urne wird schon eine Weile halten.«

Ich rief beim Friedhof an, um einen Termin für die Sargfeier und einen späteren Termin für die Urnenbeisetzung zu vereinbaren, und bat bei dieser Gelegenheit noch einmal, doch eine Ausnahme zu machen.

Aber nun bürstete mich die Dame vom Amt gewaltig ab: »Mit keinem anderen Bestatter haben wir Probleme – nur mit Frau Marschner. Ständig haben Sie Extrawünsche, immer muss es was Besonderes sein!«

»Das sind doch nicht meine Wünsche, sondern die der Angehörigen!«

Gegen diese Behördenwand war ich schon öfter angerannt, und die Vergeblichkeit meiner Bemühungen hatte mich schon oft auf die Palme gebracht.

Der siegessichere Ton in ihrer Stimme signalisierte eine gewisse Gehässigkeit und ließ erahnen, dass meine Gesprächspartnerin sich voller Genugtuung der Tatsache bewusst war, dass sie am längeren Hebel saß.

»Ein Sprachautomat in irgendeiner Warteschleife hat mehr Gefühl als Sie«, sagte ich wütend und legte auf.

Die Trauerzeremonie verlief wie geplant, und mein Kollege, der die Feier betreute, war voll des Lobes für den fantasievollen Blumenschmuck des Sarges: »So etwas habe ich noch nie gesehen, und ich hätte nicht gedacht, dass man Blumen auch mal anders dekorieren kann als bei den üblichen aufgetürmten Gestecken. Es sah aus wie ein Blumenbeet in einem Garten.«

Ich war zufrieden, dass der Abschied gut verlaufen war, denn ich zittere besonders bei den Zeremonien, die ich nicht selbst betreue. Es ist bei mir eine Art fixe Idee, dass immer genau dann Pannen auftreten, wenn ich nicht selbst auf dem Friedhof bin.

Und tatsächlich gab es in diesem Fall eine Panne, wohl die größte und peinlichste Panne, die einem Bestatter passieren kann. Aber schuld daran war ausgerechnet ich selbst.

Die Zeremonie war also durchgeführt, und zwei oder drei Wochen später sollte die Urne im engsten Freundeskreis beigesetzt werden.

Ich kennzeichnete die Schmuckurne mit einem Zettel, auf dem der Beisetzungstermin notiert war, und wollte sie ein paar Tage vorher zum Friedhof bringen.

Ich vergewisserte mich wie immer beim Friedhof, dass der so genannte Urnenanforderungsschein zum Krematorium gefaxt wurde, damit das Aschengefäß auch ja nicht dort stehen bleiben würde.

»Ja, Frau Marschner«, erhielt ich zur Antwort. »Auf Ihrer Anmeldung stand das Krematorium klar und deutlich lesbar. Wir wollen die Urne auch zum Bestattungstermin hier haben – keine Bange, wir machen das nicht zum ersten Mal.«

Ich kam mir tatsächlich etwas panisch und blöd vor, aber eine Beisetzung ohne die Asche des Verstorbenen wäre wirklich der größte anzunehmende Unfall.

Seit mein Beruf mir ein wenig auf die Nerven ging und ich von weißen Stränden träumte, zwang ich mich zu besonderer Aufmerksamkeit, weil ich bemerkte, dass ich die Details meiner Trauerfälle nicht mehr so im Kopf hatte wie sonst.

Es war eine sehr konfuse Zeit, und eine gewisse innere Zerrissenheit plagte mich. Ich war dreiunddreißig Jahre alt und glaubte, das halbe Leben hinter mir zu haben.

Carlo, ein gleichaltriger Freund, hatte mich auf diesen Gedanken gebracht.

»Schau, Claudia«, hatte er gesagt, »wenn wir mit sechsundsechzig noch gesund sind, dann ist das schon Grund zur Freude. Wir müssen nicht um jeden Preis neunzig werden, das ist doch schließlich kein Wettbewerb. Also Halbzeit für uns!«

Carlo plante mit seiner Frau den Umzug von Berlin nach Australien, und sie verkauften einfach ihr Café, das sie zehn Jahre geführt hatten, und investierten in einen australischen Campingplatz.

»Nimm mich mit!«, rief ich. »Ich spüle das Geschirr oder mime die Platzanweiserin für die Wohnwagen.«

»Na, mach doch in Australien ein Bestattungsinstitut auf. Was hier geht, klappt woanders auch. Gestorben wird überall.«

»Nein!! Kein Tod mehr in meiner Nähe – nicht einmal das Wort will ich mehr hören in meiner zweiten Lebenshälfte. Ich springe am besten erst einmal in den Beutel eines Kängurus und lasse mich durch das Land schaukeln.«

»Spinnerin, du machst ja nicht mal drei Wochen am Stück Urlaub. Wie wär's, wenn du mal damit anfangen würdest?«

Er hatte natürlich Recht, und ich wollte auch nicht wirklich nach Australien, sondern nur mal weg von Tod und Sterben.

Ein Ausgleich musste unbedingt geschaffen werden, und ich beschloss, wieder mehr Sport zu treiben, um den Kopf frei zu bekommen. Ich meldete mich sofort in einem Fitness-Studio an.

Eines Morgens kam ich in mein Geschäft und hatte vor, einen ruhigen Tag mit meiner Buchhaltung zu verbringen. Termine für Trauergespräche hatte ich auf den folgenden Tag gelegt, und ich genoss den sonnigen Vormittag. Am Abend zuvor war ich in der Sauna gewesen, und wie immer nach der Sauna fühlte ich mich wohl und ausgeglichen.

Als ich mir aus der Küche einen Kaffee holte, verwandelte sich mein Wohlbehagen in Sekundenschnelle in eine Nervenkrise. Im Flur zum Ausstellungsraum stand jene von mir gekennzeichnete Schmuckurne und wartete darauf, zum Friedhof gebracht zu werden.

Völlig arglos, rein routinemäßig, kontrollierte ich im Vorbeigehen Namen und Beisetzungstermin auf der Karte.

An meinem Arbeitsplatz angekommen, nahm ich einen kräftigen Schluck von meinem Kaffee und sah dann auf die Uhr. Zwangsläufig las ich nicht nur die Zeitanzeige, sondern auch das Datum.

»Nein! O Gott! Der Termin ist ja heute!«

Ich raste in den Flur und warf einen schnellen Blick auf die Karte. Heute. Zehn Uhr. Kein Zweifel möglich. Der GAU war eingetreten.

Es war elf Uhr und die Beisetzung längst durchgeführt. Mein Adrenalinspiegel stieg in abenteuerliche Höhen, und ich flatterte hektisch durch das Büro. Wie sollte ich aus dieser Patsche herauskommen?

»Beim Friedhof brauche ich gar nicht erst anzurufen, die können mir auch nicht mehr helfen«, sagte ich zu mir selbst. »Was mach ich denn jetzt? Vielleicht hat es ja auch niemand bemerkt … hat ja auch noch keiner angerufen.«

Vertuschen konnte ich die Panne nicht, schließlich war die Schmuckurne berechnet und bezahlt.

Angriff ist die beste Verteidigung, sagte ich mir. Ich würde sofort anrufen! Was aber, wenn alle beisammensaßen und gar nichts bemerkt hatten? Die Aschenurne vom Krematorium war ja auf dem Friedhof angekommen und die Beisetzung durchgeführt. War es dann wirklich der geeignete Augenblick, um die Bombe hochgehen zu lassen?

Eine Stunde später rief die Pfarrerin, Frau Peters, an: »Sie müssen sich unbedingt bei Lutz melden. Der ist total fertig, weil die Schmuckurne nicht da war.«

Ich spielte ihr keine Komödie vor, sondern gestand den Fehler sofort ein und rief bei Lutz an. Er hatte den Anrufbeantworter eingeschaltet und nahm den Hörer nicht ab. Ich bat um seinen Rückruf, um eine Lösung für diese Kalamität zu finden.

Ich war ehrlich gesagt recht erleichtert, dass ich jetzt nicht mit ihm hatte sprechen können. So hatte ich ein bisschen Zeit, um mir etwas einfallen zu lassen.

Am Tag darauf rief Frau Peters noch mal an und bat um einen Termin: »Ich möchte gerne mit Lutz zu Ihnen kommen, damit wir die Geschichte klären können.«

Lutz selbst ließ nichts hören, und daraus schloss ich, dass ihn die Sache mit der Urne noch schwerer getroffen hatte, als ich angenommen hatte. Wir verabredeten uns für den nächsten Tag und ich rief sofort beim Friedhof an.

»Wie hoch sind die Gebühren, wenn man das Grab erneut öffnen lässt, um die Aschenurne in die Schmuckurne zu setzen?«, fragte ich.

Die Dame vom Friedhofsamt hatte noch nie einen derartigen Fall gehabt und musste ihre Gebührenordnungen einsehen, bevor sie antwortete: »Tja, da wäre das Öffnen des Grabes – die Entnahme der Urne – die erneute Beisetzung und letztlich das Schließen des Grabes. Das wird nicht billig, Frau Marschner.«

Ich hatte mich schon damit abgefunden, dass diese Panne mich ziemlich viel kosten würde. Aber was sie sonst gesagt hatte, traf mich schwer: »So einen Fall hatten Sie wirklich noch nicht? Bin ich tatsächlich die erste Bestatterin, der so etwas passiert?«

»Also ich persönlich habe so etwas jedenfalls noch nicht erlebt«, sagte sie, und ich glaubte eine gewisse Schadenfreude aus ihrem Tonfall herauszuhören.

Um bei Lutz die Wunden nicht gleich wieder aufreißen zu müssen, erkundigte ich mich im Krematorium, wie lange eine Aschenurne unter der Erde hielte.

»Wenn der Boden sehr trocken ist, kann eine Urne bis zu

fünfzehn Jahre halten, andernfalls aber auch mindestens zehn Jahre – Mensch, Marschnerin, was ist denn da passiert?«

Frau Pfeifer aus dem Krematorium erwartete gerade ihr erstes Kind, und die Freude darüber ließ sie sehr entspannt und mütterlich wirken: »Was machen Sie denn nun?«

»Na, das Grab noch mal öffnen.«

»Ach du je, na dann viel Glück.«

Am nächsten Tag kamen Lutz und Frau Peters zu mir ins Büro, und ich erzählte ihnen sofort, dass die Urne sich mindestens zehn Jahre halten würde, und dass wir sie vielleicht erst nach einigen Jahren in die Schmuckurne tun sollten.

Lutz machte mir keine Vorwürfe, wirkte aber sehr enttäuscht; mein Vertrauensbonus war dahin. Den wichtigsten Wunsch, die Urne so lange wie nur möglich vor der Auflösung zu bewahren, hatte ich schlicht versaut.

Ich schlug vor, ein oder zwei Jahre zu warten und dann vielleicht eine Art Gedenken am Grab abzuhalten und in diesem Zusammenhang das Aschengefäß in die Schmuckurne zu setzen. Um ihm die Angst zu nehmen, die Sache könnte nach so langer Zeit in Vergessenheit geraten, gab ich ihm eine schriftliche Zusage, dass ich für die Ausbettung der Urne zu jeder Zeit aufkommen würde und er den Zeitpunkt bestimmen könne.

Er glaubte mir nicht mehr recht.

»Ich trau mich wahrscheinlich nicht einmal, das Grab ordentlich zu gießen. Durch das Wasser rostet die Urne doch schneller?«, fragte er besorgt.

Frau Peters beruhigte ihn und bekräftigte nochmals, das er mindestens zehn Jahre Zeit haben würde und das Grab natürlich unbesorgt wässern konnte.

Wirklich überzeugt war er nicht, und so bot ich schließlich an, die Umbettung sofort durchzuführen. Er bat um Bedenkzeit.

Erst später legte sich seine Angst; vermutlich hat er sich

noch bei anderen Friedhöfen oder Bestattern vergewissert, dass er nicht sofort handeln musste.

Wir einigten uns darauf, wenigstens einige Monate abzuwarten, bevor wir das Grab ein zweites Mal öffneten.

Sie gingen, und ich blieb mit meinem schlechten Gewissen zurück. Meine Schuld war es, dass die Bestattung für Lutz immer eine bittere Erinnerung bleiben würde. Wahrscheinlich konnte er mit der Trauerarbeit nicht richtig beginnen, bevor die Schmuckurne im Grab war.

Am ersten Jahrestag von Matthias' Tod veranlassten wir schließlich die Umbettung. Die Urne wurde ausgegraben, in die Schmuckurne gesetzt und in einem kleinen Friedhofsraum noch mal aufgebahrt. Frau Peters hielt eine kurze Andacht und sprach ein Gebet für Matthias. Dann wurde seine Asche zum zweiten Mal beigesetzt.

Natürlich wurden dadurch bei Lutz die alten Wunden wieder aufgerissen, und mir wurde beschämend deutlich klar, dass Pannen bei Beerdigungen die Erinnerung vergiften und nicht wieder gutzumachen sind.

Es war mein erster schlimmer Praxisfehler, und ich spürte fast körperlich, auf welch dünnem Seil ich arbeitete. Ich war ohne Netz und doppelten Boden in die Tiefe geknallt.

Ich hatte an dieser Sache lange zu beißen, und auch heute noch kommt in Zeiten, in denen ich sowieso nicht gut drauf bin, diese Erinnerung unweigerlich nach oben und trübt meine Stimmung noch mehr.

Oma Prauß – meine Rettung,
Sabines Hölle

Diejenigen meiner Freundinnen, die Kinder haben, zitieren gerne den Spruch: »Es gibt keine falsche Erziehung, es gibt nur falsche Kinder.« Das soll heißen, dass sich die gleiche Erziehung ganz unterschiedlich auf die Kinder auswirken kann. Umgekehrt heißt es natürlich auch, dass es falsche Eltern für bestimmte Kinder gibt.

Oma Prauß in ihrer barschen Art war einfach die falsche Mutter für Mama, und sie war die falsche Oma für Sabine. Sabine hat sich oft in den Schlaf geweint, solange wir bei Oma wohnten, weil sie Sehnsucht nach Liebe und Zärtlichkeit hatte.

Ich dagegen bin eher rebellisch und habe viel Ähnlichkeit mit Oma. Ich fühlte mich bei ihr gut aufgehoben und musste später direkt gezwungen werden, wieder zu Mama zu ziehen.

Aber einmal war auch ich richtig zornig auf Oma, und seitdem war mein Verhältnis zu ihr nicht mehr das gleiche.

Sabine hatte mit Mama und ihrem Freund eine besonders heftige Szene erlebt und kam völlig verzweifelt in mein Zimmer.

»Claudia, ich gehe weg«, sagte sie unter Tränen. »Ich halte das nicht mehr aus.«

»Warte, ich gehe mit«, rief ich, froh darüber, dass Sabine sich einmal zur Wehr setzte.

»Nein«, sagte sie. »Das will ich jetzt allein machen.«

Und sie ging tatsächlich.

Als Mama es merkte, bekam sie eine Riesenangst. Ihr Gewissen sagte ihr, dass sie wieder einmal als Mutter versagt hatte, und sie setzte alles daran, ihr Kind wiederzufinden. Sie bedrängte mich, ihr die Telefonnummern von Freundinnen anzugeben, zu denen Sabine vielleicht gegangen war, aber ich schwieg verstockt. Schließlich machten wir uns zu dritt auf die Suche, Mama, ihr Freund Karl und ich.

Wir klapperten alle Örtlichkeiten ab, wo sich junge Leute gerne trafen, unter anderem eine Tanzdiele, wo ich Sabine vermutete (aber davon sagte ich natürlich kein Wort). Der Türsteher musterte uns sehr von oben herab und sagte entschieden: »Nein, Sabine war nicht hier.«

Spät nachts liefen wir schließlich zu Oma. Sie war unsere letzte Hoffnung. Und da fanden wir auf der Treppe vor Omas Wohnung eine in Tränen aufgelöste Sabine. Sie hatte bei Oma Zuflucht gesucht, aber die hatte ihr gar nicht erst die Tür aufgemacht, weil sie mit Mama und Karl keinen Ärger kriegen wollte.

Mir scheint, das war das einzige Mal, dass Mama richtige Muttergefühle spürte. Sie fürchtete, Sabine zu verlieren, wie sie auch mich schon verloren hatte. Was hatte Mama nicht schon alles verloren: Ihren Vater, ihren Mann, mich… Und auch Karl verlor sie. Als er wieder gesund war, ging er.

Und zum Schluss ging Mama uns verloren.

Alles war ihr zerbrochen, als stünde ein Naturgesetz dahinter.

Mutter hat Sabine und mir nie vom Tod ihres Vaters erzählt. Sie ist auch nie zu seinem Grab gegangen.

Mama war damals zwanzig Jahre alt. Von Oma haben wir nur gehört, dass Oma und Opa am Tag seines Todes gestritten hatten. Sie konnten sich nicht mehr versöhnen, denn Opa entzog sich dem Streit, indem er zum Einkaufen auf den Markt ging. Dort brach er mit einem Herzinfarkt zusammen.

Sein Tod, sein lautloses Verschwinden muss ein furchtbarer Schock für seine Tochter gewesen sein. Sie konnte sich nicht von ihm verabschieden, und sie war auch später nicht fähig, über einen Abschied zu sprechen. Wenn eine Trennung anstand, gab sie die Souveräne. Als Karl sie verließ, half sie ihm pfeifend, seine Taschen zu packen. Quälende Gespräche wollte sie sich nicht antun.

Verhielt ich mich nicht genau so? Wie viele Parallelen ich da entdeckte!

Nach Mamas Tod hatte ich Angst davor, sie zu vergessen. Es wurde ja nie mehr über sie gesprochen. Ich fürchtete ihre Stimme zu vergessen, ihr Gesicht und ihre Hände. Ich rief mir immer wieder ins Gedächtnis, wie sie gegangen war, wie sie gesprochen und gestikuliert hatte. Ich hielt die Erinnerung an den besonderen Pfeifton wach, mit dem sie sich vom Hof aus ankündigte, wenn sie vom Einkaufen heim kam. Sie hatte nie nach uns gerufen wie die anderen Mütter, sondern immer melodisch gepfiffen.

Wir kannten diesen Pfiff und rasten sofort die Treppe hinunter, weil wir wussten, dass sie immer Süßigkeiten und Bücher mitbrachte.

All das wollte ich für immer festhalten. Diese Zeit sollte nicht vergehen. Ich klammerte mich an meiner Heldin fest, weil ich keinen anderen Halt sehen konnte. Ich wollte ihre Geschichte nie aus meinem Sinn lassen.

Zu den seelischen Narben, die ich von Mamas Selbstmord davontrug, gehört auch, dass ich keine engen Ketten um den Hals tragen kann. Ich habe dabei das Gefühl, als würde mir jemand den Hals zuschnüren. Einmal hat mir ein Freund bei einer Rangelei spaßeshalber an die Kehle gegriffen, und ich bin sofort ausgerastet. Ich brüllte ihn an, und um mich aus seinem Griff, den ich als Würgegriff empfand, zu befreien, trat ich ihn mit Gewalt ans Schienbein.

Der arme Kerl wusste nicht, wie ihm geschah. Er hüpfte auf

einem Bein jaulend durchs Zimmer. Er konnte ja nicht ahnen, was für Bilder er unfreiwillig heraufbeschworen hatte.

Ich hatte immer ein Gefühl, als hätte irgend jemand Mama die Schlinge um den Hals gelegt, und kein Mensch sollte das je mit mir machen können.

Ein Bild der Vergänglichkeit

Ich hatte mich in den Gedanken verbissen, dass es möglich sein müsste, die Vergänglichkeit darzustellen, und ich suchte schon lange nach einer schönen Idee, die mir und anderen ein Bild der Vergänglichkeit vermitteln könnte.

Als ich mit Jürgen in dem Bestattungsinstitut arbeitete, war ich enttäuscht, dass ich auch dort keine rechte Vorstellung von der Vergänglichkeit bekam. Die düsteren Räume und Fahrzeuge und die geschlossenen Lamellen vor den Fenstern waren nur beklemmend, sonst nichts.

Ich lernte sehr viele Künstler und Designstudenten kennen, die durch ihre Arbeit dem Tod ein Gesicht geben wollten. Sie brachten buddhistische oder spirituelle Motive auf Urnen, zauberten durch Lacktechniken aus einer Urne eine riesige Erdbeere oder steckten die einfachste Urne in einen weichen, herzförmigen Plüschüberzug.

Wir unternahmen viele Versuche, mit dem Tod offen und natürlich umzugehen, aber sie vermittelten mir keine Vorstellung der Vergänglichkeit.

Auch die Wandbemalungen in meinem Ausstellungsraum lösten dieses Gefühl für mich nicht aus. Ich war immer noch auf der Suche.

Da rief mich eines Tages ein Journalist an.

»Kann ich bei Ihnen ein paar schöne Bilder zum Thema Tod einfangen? Ich möchte in einer Reportage Ihr Bestattungsinstitut und ein traditionelles Unternehmen einander gegenüberstellen, um einen neuen Trend hervorzuheben. Bilder von einer authentischen Beerdigung wären natürlich am besten.«

»Tut mir Leid, das habe ich immer abgelehnt, und dabei bleibe ich auch. Aber ich will mir etwas für Sie überlegen. Rufen Sie morgen wieder an!«

Er war enttäuscht und wollte nicht gleich aufgeben, aber ich blieb hart. Ich war mir sicher, dass es kreativere Möglichkeiten für einen Fernsehbericht geben könnte, als eine reale Beerdigung zu filmen. Ich verstand nicht, wie ein Journalist ausgerechnet bei einer Beerdigung Trends aufzeigen und Tabus brechen wollte. Er musste sich doch wirklich vorkommen wie ein Elefant im Porzellanladen.

Mein Sportsgeist war geweckt und ich rief sämtliche Künstler an, mit denen ich je zusammengearbeitet hatte, unter anderem auch meine Floristin Clara, die seit der Geschäftseröffnung die Blumen für meine Beerdigungen arrangiert.

Wir unterhielten uns sehr lange über mögliche Blumengebinde in außergewöhnlichen Formen. Es musste etwas Spektakuläres sein, das sich von den 08/15-Gebinden abheben sollte. Clara sah Herzen und Seemannsanker aus Efeuranken vor sich oder einen Sarg, an dem sie aus feinem Draht einen langen Rosenteppich anbringen könnte.

Sie überlegte, wie es wäre, wenn man einen Sarg komplett mit Wald-und-Wiesen-Blumen verhüllen würde, und in demselben Moment kam ihr jene zündende Idee, die mir die Vergänglichkeit vor Augen führen sollte.

»Stell mir einen ganz einfachen und unbehandelten ›Brenner‹ bereit und montiere Griffe und Füße ab. Und dann mach einen genauen Termin mit dem Journalisten aus, damit er mein Werk im genau richtigen Zeitpunkt sieht.«

Mehr wollte sie nicht sagen.

Als der Termin feststand, kam die Blumenfee mit ziemlich viel Gepäck in mein Beerdigungsinstitut: »Pass mal auf, Claudinchen, was wir beide hier zaubern werden. Da kommste aus dem Staunen nicht mehr raus.«

Clara hatte große Rollen von watteähnlichem Material dabei, von denen sie nach Augenmaß Bahnen abschnitt und an den Sarg tackerte. Bald war das Holz nicht mehr zu sehen.

»Die Ecken können ruhig ausgefranst bleiben, das sieht man später alles nicht mehr«, sagte sie. Sie trank einen Becher Kaffee und machte sich an den nächsten Arbeitsgang. Sie kramte ein paar Tüten, die mit kleinen Linsen prall gefüllt waren, aus ihren Taschen, dann zückte sie eine Sprühpistole und besprühte den Sarg mit Wasser.

»Dann bleiben die schön daran kleben, weißt du.«

Beherzt griff sie in die Tüten und warf die Linsen großzügig und möglichst gleichmäßig auf den Sarg.

»So, Claudia. Meine Arbeit ist jetzt schon beendet. Alles andere machen die kleinen Linsen ganz allein.«

Sie drückte mir ihre Sprühpistole in die Hand.

»Du musst sie jeden Tag mit Wasser besprühen«, sagte sie. »Sonst wächst hier kein Gras mehr.« Wir lachten herzlich über diesen spontanen und sinnigen Scherz, und ich konnte mitverfolgen, wie in wenigen Tagen das »Gras« aus dem Sarg herauswuchs.

Die Reportage trat für mich völlig in den Hintergrund. Jeden Tag, bis zum Drehtermin, staunte ich darüber, wie ein nackter, eher hässlicher Sarg sich mit einem wunderschönen Kokon aus Gras umgab.

Der Journalist und seine Crew waren ganz begeistert von diesem Sarg, der zu leben schien und dem Tod seinen Schrecken nahm. Es war eine anheimelnde Vorstellung, einen verstorbenen Freund oder Verwandten in einem solchen Kokon zu wissen.

Sie filmten den ergrünten Sarg in seiner vollen Pracht, und

als krönenden Abschluss transportierten wir ihn am nächsten Tag in einen nahe gelegenen Park und stellten ihn in einer großen Wiese auf. Ich hatte allen Freunden davon erzählt, und sie wollten bei dieser Aktion unbedingt dabei sein. Einen Grassarg auf einer Parkwiese sah man schließlich nicht alle Tage.

Auch für mich war es das erste Mal, dass ich einen Sarg nicht auf einen Friedhof, sondern in die Öffentlichkeit brachte, und ich rechnete damit, dass sich die Spaziergänger empören würden. Aber als wir den Sarg mitten in die Natur stellten, tauchte er völlig in sie ein und wirkte, als wäre er an seinem vorbestimmten Platz. Die Passanten bestaunten ihn mit überraschten, aber freundlichen Mienen.

Der Grassarg gab mir durch seine lebendige und wild gewachsene Ausstrahlung die Hoffnung, dass nach dem Tod nicht alles Leben vorbei sei. Wir setzten ihn auf der Wiese ab, und er integrierte sich ganz unspektakulär in das Bild. Er erregte kein Aufsehen und war doch außergewöhnlich und einmalig.

Nach den Dreharbeiten brachten wir den Kokon zurück in mein Geschäft und stellten ihn in mein Hinterzimmer.

Ich wollte ihn gerne noch viele Tage erhalten und besprühte ihn jeden Morgen mit Wasser, um die Vergänglichkeit zu überlisten.

Aber er begann schon nach zwei Tagen zu welken und verlor sein saftig grünes Strahlen. Nach einem weiteren Tag färbte er sich gelblich braun und vertrocknete.

Meine Enttäuschung war groß. Innerhalb von Tagen hatte ich etwas wachsen und wieder sterben sehen und hatte dabei erkannt, dass mir nicht nur der Blick auf den toten Körper meiner Mutter verweigert worden war, sondern dass ich auch ihr Leben nicht wirklich gesehen hatte.

Fortschritte beim Puzzlespiel

Mein Erlebnis mit dem Kokon war so wundervoll, dass ich ihn kein zweites Mal herstellen lassen wollte. Er sollte einmalig bleiben, wie auch ein verstorbener Mensch einmalig bleibt.

Der Grassarg wurde zu einem Schlüsselerlebnis, das mich dem Verständnis der Vergänglichkeit näher brachte. Ich musste endlich Abschied nehmen können.

Ich wollte Mamas ganze Lebensgeschichte kennen lernen und fand niemanden, der sie noch einmal hätte lebendig werden lassen können. Niemand hatte die Traurigkeit hinter der Fassade gesehen.

Mit Erschrecken musste ich feststellen, dass ich aus meinem schalldichten Raum nie herausgekommen war. Ich stand mit meiner albernen Rüstung in meinem Bestattungsinstitut und hatte jahrelang wild um mich geschossen, um nur nicht schwach zu werden.

Unsicher zögernden Hinterbliebenen hatte ich immer zu einem Abschied geraten.

»Es ist ein beruhigendes Gefühl, wenn man erkennt, dass nur der Körper des Verstorbenen vergeht«, pflegte ich zu sagen. »Der Geist oder die Seele ist beim Tod aus ihm herausgetreten und wird nicht beerdigt.«

Wenn sie sich dennoch scheuten, sich auf einen Abschied einzulassen, war ich sehr betrübt darüber, dass ich ihnen diese wichtige Erkenntnis nicht gut genug vermittelt hatte.

Mich selbst drängte es, unsere Geschichte aus Einzelteilen zusammenzusetzen, um einem Abschied näher zu kommen.

Ich wollte versuchen, aus den wenigen Fotos, die es von uns gab, eine Mappe zusammenzustellen, in der Hoffnung, einen roten Faden zu finden.

Ich hatte Bilder aus Mamas Kindheit. Oma war eine Frau in

mittleren Jahren, die sehr selbstbewusst auftrat; sie dominiert jedes Foto und wirkt wie ein starker Baum.

Mama dagegen wirkt immer still und zurückgezogen. Sie hält die Arme dicht am Körper und trägt ein verbindliches Lächeln zur Schau, mit dem sie ihre Melancholie überdeckt. Das habe ich nicht sofort bemerkt, aber als mir einmal die Augen geöffnet waren, fand ich es sehr auffallend.

Dass sich unter dem stillen Äußeren leidenschaftliche Wünsche verbargen, erkenne ich erst in der Erinnerung. Mama wäre zum Beispiel zu gern Motorrad gefahren; sie begeisterte sich für richtig heiße Öfen. Darum hatte sie mir auch eine Motorradtapete für mein Zimmer besorgt und ein Motorradpuzzle geschenkt. Aber Oma hätte natürlich nie erlaubt, dass sie auf einer Harley durch die Gegend knatterte.

Sabine und ich haben diese Leidenschaft geerbt, aber wir haben das Glück, dass wir sie ausleben können. Sabine hat Mamas elegantes Auftreten, und als sie den Motorradführerschein machen wollte, hielten es alle für eine vorübergehende Laune. Jetzt fährt sie den heißesten Ofen der Stadt und gönnt sich das Abenteuer, das Mama nicht ausleben durfte.

Wie schade, dass Mama immer an ihrem Schuldkomplex nagte, weil sie eine schlechte Mutter war. Wenn sie ihren Mangel an mütterlichem Talent akzeptiert hätte, hätte sie ihren Töchtern eine wunderbare Freundin sein können. Aber sie brachte es wohl einfach nicht fertig, über ihre Probleme zu sprechen.

Wir bemühten uns sehr um ihre Liebe und um ihre gute Laune. Wenn sie von der Arbeit kam, stand der Kaffee auf dem Tisch, und alles war blitzblank sauber, damit sie einen schönen Feierabend hatte. An den Wochenenden machten wir Frühstück, wenn sie noch schlief. Aber sie zeigte nie, dass sie sich freute. Sie schien immer nur darauf zu warten, dass wir Fehler machten. Ihr Ton uns gegenüber war immer ironisch. Heute liebe ich Ironie bei anderen Menschen, aber es ist das falsche Mittel, wenn Eltern mit ihren Kindern sprechen. Es hat uns furchtbar verunsichert; wir wussten nie, wie wir dran waren.

Als ich Jürgen kennen lernte, traf ich auf haargenau die gleiche Ironie und war erleichtert, als ich bemerkte, dass er durch seine ironischen Sprüche seine eigene Unsicherheit kaschierte.

Wenn meine Kassenbestände in der Kosmetikfirma nicht stimmten, rauschte er genau wie Mama durch das Büro und zog dramaturgisch ausgefeilt an seiner Zigarette. Er sah mich dabei nie direkt an, sondern gab nur spitze Bemerkungen von sich, wie: »Na, ist doch toll. Wenn das jetzt jeden Tag so ist, brauchen wir gar keine Kasse mehr!«

Auch Uwe hatte diese eigene Art, über kleinere und größere Tragödien in seiner Industrielackiererei einen Hauch von Ironie zu legen. Er selbst konnte seinen Unmut über Materialverschwendung nur kundtun, indem er spottete: »Na, dann gehe ich mal in den Keller und drucke neues Geld, damit wir die anderen Stöpsel auch noch wegwerfen können.«

Ich begann diese Ironie, mit der sie allen Misslichkeiten des Alltags begegneten, zu mögen, weil sie mich an Mama erinnerte.

Je mehr ich über Mama nachdenke, desto mehr fallen mir die Ähnlichkeiten auf, die sie mit Uwe und Jürgen hatte.

Auch sie sind im Zeichen der Zwillinge geboren und zeigen entsprechende Verhaltensweisen. Eine weitere Ähnlichkeit neben der Ironie: In all den Jahren, in denen ich mit Jürgen und Uwe befreundet war, hat keiner von beiden auch nur einmal gesagt, es gehe ihm schlecht. Sie wollten immer heiter erscheinen, und in traurigen Zeiten konnte man sie nicht antreffen. Jürgen hatte selbst seine Vorzeichen zum Herzinfarkt in Ironie verpackt.

Beide wollten nie jemandem zur Last fallen, und keiner

sollte ihnen nachsagen können, sie würden jammern und klagen.

Auch Mama brachte sich lieber um, als dass sie jemandem zur Last fiel. Nur aus ihrer ständigen Komödie ergab sich die Tragödie.

Jürgens Abschied

Eines Tages rief mich Uwe an: »Mensch, Claudia, halt dich fest: Jürgen ist tot.«

Sofort befand ich mich wieder in meinem schalldichten Raum und konnte zunächst überhaupt nichts sagen oder empfinden.

»Er hätte nach seinem Herzinfarkt mehr auf seine Gesundheit achten sollen – aber das weißt du ja selbst«, fuhr Uwe fort. »Nach einem Zuckerschock ist er ins Koma gefallen. Man hat ihn tot in seiner Wohnung gefunden.«

Ich war noch immer wie gelähmt. Ich hatte jahrelang Gefühle und Gefühlsäußerungen so massiv unterdrückt, dass ich jetzt nicht auf einmal anders konnte.

»Möchtest du die Bestattung selbst übernehmen?«, fragte Uwe.

»Nein, auf keinen Fall.« Ich war aus meiner Starre erwacht. »Ich möchte als Freundin von ihm Abschied nehmen, nicht als Bestatterin.«

Das Beerdigungsinstitut, in dem Jürgen und ich vor Jahren gearbeitet hatten, übernahm die Ausrichtung seiner Trauerzeremonie.

Seit ich Jürgen kannte, war er aktives Kirchenmitglied seiner Gemeinde, und so fand die Trauerfeier nicht auf einem Friedhof, sondern in einer Kirche statt.

Der lustige und schillernde Jürgen war gestorben – ich konnte es nicht fassen. Unsere erste Begegnung in der Kosmetikfirma lag schon vierzehn Jahre zurück, aber die Zeit schien mir wie im Flug vergangen.

Bis zum Tag seiner Abschiedszeremonie dachte ich jeden Tag an seine Eigenheiten, und ich musste viel lachen. Der Beruf des Buchhalters war tatsächlich seine Berufung, und wir alle konnten uns köstlich darüber amüsieren, wenn er ganz stolz ein Schnäppchen aus einem Supermarkt präsentierte: »Seht mal, Kinder, ich habe mir eine wunderbare Teewurst für neunundneunzig Pfennig gekauft. Die schmeckt einfach fantastisch.«

Er brachte selbst einer Verschwenderin wie mir bei, wie man mit Geld umgeht, ließ sich aber andererseits auch gelegentlich überreden, sich sündteure Kleidungsstücke anzuschaffen.

Mit seiner Lebendigkeit und Heiterkeit machte er sich viele Freunde. Er sah in anderen Menschen immer das Positive, ohne blauäugig zu sein.

Sein wichtigstes Vermächtnis an mich ist ein Satz, den er oft sagte, wenn ich über irgendjemanden wütend war:

»Claudia, der Mensch ist immer mehr als die Summe seiner Fehler.«

Er war nach Mutters Tod der erste Mensch, bei dem ich ein Gefühl von Nähe und Vertrautheit gehabt hatte, eine Art Familiengefühl.

Für die Trauerzeremonie hatte ich mich mit Uwe vor der Kirche verabredet. Ich hatte Jürgens Freunde aus der Kirche nie kennen gelernt und wollte nicht verlassen in einem Raum voller Fremder stehen. Zwei andere Freunde, die ich durch Jürgen kennen gelernt hatte, gesellten sich zu uns, und ich hatte ein Gefühl, als seien wir unter all den Kirchenmitgliedern die vier einzigen Menschen aus Jürgens »weltlichem« Leben. Seine Lebensdevise »barfuß oder Lackschuh« spiegelte sich an diesem Tag genau für mich wider. Ich konnte ihm seine Religion genauso abnehmen wie sein exzessives Leben. Er hatte es fertig gebracht, beides miteinander zu vereinen.

Ich hatte für Jürgens Abschied drei Lilien gekauft, weil ich immer das Gefühl hatte, er wäre gerne ein Schauspieler geworden und hätte es genossen, nach seinen Auftritten Liliensträuße in die Garderobe gebracht zu bekommen. Ich kaufte nur drei Stiele, weil er für drei wichtige berufliche Stationen in meinem Leben gesorgt hatte.

Nachdem ich mich in dem Vorraum umgesehen hatte, in dem ein schönes Büfett aufgebaut und viele Bilder von Jürgen aufgestellt waren, wollte ich noch vor Beginn der Zeremonie meinen Strauß an Jürgens Sarg legen.

Als ich die Kapelle betrat, sah ich Uwe allein dort sitzen.

Auf einem Podest stand ein Klavier und direkt daneben eine Leinwand auf einem Stativ. Jürgens Sarg war üppig mit weißen Blumen geschmückt, und zum ersten Mal gefiel mir das Modell »Ulm«, weil es mich an unser gemeinsames Bestatterdasein erinnerte.

Uwe hatte auf der Bank direkt vor dem Sarg Platz genommen und ich fühlte, dass es ihm sehr wichtig war, sich vor der Feier allein von seinem Freund zu verabschieden. Ich spürte, dass er ein Zwiegespräch mit ihm führte, denn er sah zu Jürgens Bild hinüber, als gäbe es den Sarg nicht.

Ich fürchtete ihn zu stören, wenn ich zu ihm ging, und blieb noch eine Weile am Eingang stehen.

Dann ging ich zu Jürgen, legte meine Blumen dicht an seinen Sarg und setzte mich zu Uwe. Er weinte.

Uwe ist ein lustiger und starker Mensch, und niemand würde je auf den Gedanken kommen, dass ihn etwas umhauen könnte. Er leitet eine große Firma und ist aus all seinen Tiefen immer wieder emporgestiegen. Ich hatte bis dahin vermutet, er hätte eine ähnliche »Sei-immer-stark-Formel« wie ich.

Und nun saß er da in Tränen aufgelöst vor dem Sarg und beweinte seinen besten Freund.

Und ich?

Ich konnte nicht weinen und fühlte mich erbärmlich. Ich wusste, wenn ich mich nicht endlich von den alten Geschichten verabschieden würde, könnte ich keine folgenden ertragen oder verarbeiten. Ich saß an Jürgens Sarg und sah wieder die alten Friedhofsbilder von Mutters Beerdigung; sie störten mich sehr und hätten mir fast den Abschied von Jürgen verdorben.

Aber Jürgen sorgte dafür, dass ich mich von ihm verabschieden konnte.

Zu Beginn der Feier redeten die Kirchenmitglieder über sein Leben und seine Arbeit in der Gemeinde. Das kam mir alles fremd vor. Ich war noch in meinem schalldichten Raum abgestellt und hörte kaum, was gesprochen wurde. Ich sah nur den Sarg an und erinnerte mich an unsere gemeinsamen Erlebnisse.

Dann gingen die Lichter im Raum aus und der Diaprojektor warf Bilder von Jürgen auf die Leinwand. Ein Pianist untermalte sie mit romantischen Musikstücken.

Jürgens erstes Porträt stand eine Zeit im Raum, und ich hörte seinen Satz: »Der Mensch ist immer mehr als die Summe seiner Fehler.« Die nachfolgenden Bilder waren auf seinen vielen Urlaubsreisen aufgenommen. Er stand mit hochgekrempelten Hosen und frechem Grinsen im türkisfarbenen Meer, und die Sonne ließ seine Augen blitzen. Er saß auf einem Balkon über Nizza oder auf dicken Kissen in einem marokkanischen Café. Dunkelheit, Bilder und musikalische Untermalung ergaben zusammen eine so gewaltige Wirkung, dass mitten in meinem schalldichten Raum eine Bombe explodierte. Und plötzlich ging mir der Sinn seines Satzes auf: »Deine Mutter ist mehr als die Summe ihrer Fehler. Wenn du es nicht angehst, wirst du keine Abenteuer in Marokko oder Nizza genießen können.«

Da war es um meine Kontrolle geschehen; die Tränen stürzten mir aus den Augen, und Uwe gab mir sein letztes Papiertaschentuch. Ich bekam solche Angst, in einen Weinkrampf zu verfallen, dass ich mir Jürgens wunderbare Teewurst für neunundneunzig Pfennig vor Augen hielt, um die Tränenflut durch ein Lachen einzudämmen.

Jürgen hatte es sich nicht nehmen lassen, mein Lehrherr zu bleiben, und schenkte mir am Ende seines Lebens die Fähigkeit, Gefühle wieder zuzulassen.

Nach der Zeremonie gingen wir vier »weltlichen« Freunde in eine Bar und ließen Jürgen noch einmal richtig hochleben. Wir bestellten Cocktails, die er gemocht hätte, tauschten unsere Erinnerungen an ihn aus und versuchten, sie in zeitliche Übereinstimmung zu bringen.

Wir versuchten ihn mit seiner Lebhaftigkeit und seinen vielen Gesten zu imitieren und lachten viel dabei. Das lenkte mich glücklicherweise von meinen Gedanken an meine Mutter ab. Dafür war jetzt nicht der richtige Zeitpunkt.

Jürgens Urne wurde einige Wochen später in einem anonymen Grab beigesetzt, da er keine Familie hatte, die eine Grabstelle gepflegt hätte. Ein enger Freund aus der Kirchengemeinde hatte sich um alle Formalitäten gekümmert.

Zum ersten Mal wohnte ich als Privatperson einer anonymen Urnenbeisetzung bei.

Uwe war in seiner heiteren Art eine gute Stütze für mich, und wir trafen uns vor einem Abschiedsraum des Friedhofs mit einigen anderen Freunden von Jürgen.

Ein Friedhofsangestellter bat uns in den Gedenkraum, in dem Jürgens Urne mit Blumen geschmückt auf einem Altar stand.

Wir saßen keine fünfzehn Sekunden, da drückte jener Urnenträger in schwarzer Uniform meinen Lieblingsknopf – nur dass er dieses Mal ein »Ruhe in Frieden« ausstieß. Dann nahm er die Urne und trug sie auch schon wieder aus dem Gedenkraum hinaus. Uwe und ich sahen uns kopfschüttelnd an, denn wir fühlten uns wie Statisten in einer Posse, die eigentlich ein stilles Gedenken sein sollte. Kaum hatte ich Platz genommen, musste ich wieder aufstehen. Die Absurdität dieser Szene ließ mich fast sauer werden.

Die rasante Schnelligkeit des Gedenkens sollte uns wohl sagen: »Bitte beeilen Sie sich mal ein bisschen. Wir haben auch noch andere Urnen beizusetzen!«

Wir gingen zu der anonymen Wiese und versammelten uns um eine ausgeschachtete Stelle. Der Friedhofsträger ließ die Urne hinein, und jeder von uns trat einzeln an Jürgens Grabstelle, um ihm eine Blume nachzuwerfen. Wir blieben noch eine Weile stehen und beobachteten den Friedhofsträger, wie er Jürgens Grube mit Sand füllte.

Die anonyme Urnenbestattung ist mir immer noch unsympathisch. Es störte mich, dass wir über den Urnen anderer Menschen herumtrampelten. Mir gefiele es besser, wenn die Asche an einem schönen Ort verstreut würde.

Jürgens Asche zum Beispiel hätte ich an verschiedenen Orten verstreut: einen Teil in seinem geliebten Bezirk Berlin-Wedding und einen Teil in Nizza.

Wir hätten damit seine Lebensdevise »barfuß oder Lackschuh« bis zum Schluss erfüllt.

Ein kleines Extra bekam Jürgen natürlich doch von uns geschenkt: Eine gute Freundin steckte ihm heimlich einige Blumensamen in seine Sandstelle, damit Jürgen später auf der Wiese aufblühen konnte.

Eine gute Alternative zum anonymen Urnengrab wäre es meiner Meinung nach, wenn die Angehörigen die Urne mit nach Hause nehmen könnten, wie es in vielen Ländern üblich ist.

Das käme anfangs vielen Menschen sicher gruselig vor. Aber scheitern würde eine solche Regelung an etwas ganz anderem, nämlich daran, dass der Gesetzgeber nicht das nötige Vertrauen in die Pietät der Bevölkerung hat.

Ich unterhielt mich einmal mit einer Holländerin darüber, die mit ihrem Mann lange in Berlin gelebt hatte. Als er gestorben war, wollte sie seine Asche nach Holland bringen. Sie empfand die bürokratischen Irrwege in Berlin als ziemlich strapaziös: Sie musste sich vom Konsulat der Niederlande eine Bestätigung für das Krematorium ausstellen lassen, dass man eine Urne in Holland nicht auf einem Friedhof beerdigen muss, und sie musste auch noch einen Empfänger in Holland angeben, der wiederum dem Krematorium zur Bestätigung ein Fax schicken musste.

Sie erzählte mir, dass es auf manchen holländischen Friedhöfen Plätze oder Felder gibt, auf denen man eine Urne einfach abstellen kann. Man kann sie auch erst eine Weile zu Hause behalten und dann dort hinbringen, ganz nach Wunsch.

Ich selbst finde das sehr unkonventionell, und ich war ziemlich skeptisch. Der wirklich erste Gedanke, den ich hatte, war nicht etwa »Wie schön!«, sondern: »Was, wenn sie einer klaut?«

Man könnte freilich fragen, wozu jemand eine Urne stehlen sollte. Aber in einer Großstadt passieren Dinge, die einen auf solche Ideen kommen lassen. Der Gedanke ist mir grauenvoll, dass wir Mamas Urne auf eine Wiese gestellt hätten und einige Zeit später wäre sie verschwunden gewesen.

Manchmal denke eben auch ich konventionell.

Ein Ort des Friedens

Einmal wurde ich mit einer Trauerzeremonie im Buddhistischen Haus von Berlin beauftragt. Am Tag vor der Abschiedsfeier brachte ich die Urne vom Krematorium dorthin.

Schon als ich durch das Eingangstor trat und in das wunderschöne Anwesen eintauchte, spürte ich, wie Stress und Hektik von mir abfielen.

Ich blieb stehen und sah mich um. Vor mir führte eine märchenhaft schöne Treppe zum Kloster hinauf. Der weitläufige Garten wirkte wie wild gewachsen. Im Hintergrund ging ein Mönch in wallenden Gewändern über eine Wiese. Es sah aus, als schwebte er.

Friede und Gelassenheit waren geradezu körperlich spürbar, und ich atmete leicht und frei. Ich ging hinauf zum Kloster und traf den Mönch, der die Zeremonie abhalten sollte, in der Bibliothek.

Ich bemühte mich, eine diesem Ort angemessene Ruhe und Erleuchtung auszustrahlen, aber ich fürchte, das wirkte ein bisschen dilettantisch.

Der Mönch sah mich lächelnd an, und ich fühlte mich durchschaut. Er grüßte mich freundlich.

»Bitte bringen Sie die Urne direkt in den Meditationsraum«, bat er dann.

»Aber der ist doch immer für Besucher geöffnet«, wandte ich ein. »Vielleicht wäre es besser, die Urne in einem Büro zu verwahren.«

Ich sagte nicht direkt, dass jemand sie stehlen könnte. Aber mir war nicht wohl bei der Sache; schließlich fühlte ich mich verantwortlich für die Urne.

Er blieb unerschütterlich lächelnd und entspannt vor mir stehen. »Die Urne ist dort gut aufgehoben«, sagte er. »Machen Sie sich keine Sorgen.«

Natürlich würde in einem Buddhistischen Haus kein Mensch

eine Urne stehlen, und nachdem ich das Anwesen verlassen hatte und wieder im Auto saß, musste ich laut über mich lachen. Zwischen dem Mönch und mir lagen Welten, und dabei hatte ich mich schon erleuchtet gefühlt, nur weil ich die endlos lange Treppe überwunden hatte.

Die afrikanische Zeremonie

Pfarrer Nomi stammt aus Ghana und lebt seit vielen Jahren in Berlin. Ich habe ihn bei der Beerdigung eines kleinen Kindes kennen gelernt. Von ihm geht die gleiche strömende, ruhige Energie aus, die ich im Buddhistischen Haus auch spüren konnte.

Seine offenen, lachenden Augen und sein verbindlicher Händedruck erinnern mich an meine Lieblingspfarrerin aus dem Krankenhaus, Isolde Sattler, die mit ihrer strahlenden, aber unaufdringlichen Heiterkeit und ihren herzlichen Gesten jedes Herz gewinnt. Es ist ganz unmöglich, ihr einen Wunsch abzuschlagen. Für Isolde Sattler und auch für Pastor Nomi würde ich mitten in der Nacht aufstehen und zu einem Hausbesuch gehen, ohne einen Augenblick zu zögern. Was aber viel wichtiger ist: Beide halten die Trauer von Familien oder Freunden auf einer hoffnungsvollen Ebene und lassen tiefe Depression nicht zu, sondern kämpfen mit herzlichen Worten dagegen an.

Pfarrer Nomi brachte eines Tages einen jungen Afrikaner zu mir.

»Claudia, das ist Jeremy«, sagte er. »Er kommt aus Ghana und studiert in Berlin. Seine Schwester Sarah hat auch hier studiert und ist gestern gestorben.«

Ich schüttelte Jeremy die Hand und drückte ihm mein Beileid aus.

»Wo ist Sarah denn gestorben?«, fragte ich.

»In der Charité«, antwortete Jeremy.

Er sagte nichts über die Todesursache, und ich fragte auch nicht danach. Ich spürte, dass er nicht darüber reden wollte, und für meine Arbeit spielt es auch keine Rolle.

»Am liebsten würde ich Sarah in die Heimat überführen lassen«, sagte Jeremy. »Das wäre ein Trost für unsere Eltern, und die ganze Verwandtschaft könnte an der Beerdigung teilnehmen.«

Nun kostet eine Überführung nach Ghana eine Menge Geld. Beide Geschwister hatten aber als Studenten nicht viel verdient, und die Krankenkasse zahlte kein Sterbegeld. Auch die Eltern waren außerstande, die hohen Kosten zu übernehmen.

Also rief ich beim Sozialamt an.

»Wir leisten nur, wenn die Beerdigung in Berlin stattfindet«, war die Auskunft. »Die Familie kann gerne eine Überführung durchführen, aber nur auf eigene Kosten.«

Die Eltern entschlossen sich schließlich, ihre Tochter, die nur achtundzwanzig Jahre alt geworden war, auf einem Friedhof in Berlin beerdigen zu lassen. Da Jeremy in der Stadt lebte, würde sie nicht ganz einsam sein.

Die Familie wollte zur Beisetzung anreisen.

Als das geklärt war, kam Jeremy wieder.

»Wir möchten auf jeden Fall eine Erdbestattung. Pfarrer Nomi wird die Zeremonie durchführen.«

Nach einigem Zögern fuhr er fort: »Wir haben eine recht ungewöhnliche Bitte an Sie. Könnten Sie eine Locke vom Haar meiner Schwester abschneiden und ein wenig von ihren Fingernägeln? Wir wollen in Ghana eine zweite Beerdigung veranstalten und Sarahs Haare und Nägel in den Sarg legen; so ist etwas von meiner Schwester auch in der Heimat bei meinen Eltern.«

»Das ist schön«, sagte ich. »Ist das so eine Art symbolische Zeremonie?«

»Nein, nein«, antwortete Jeremy. »Das wird eine ganz richtige, echte Beerdigung mit Sarg und Grabstelle. Alle Verwandten und Freunde, die sich den Flug nach Deutschland nicht leisten können, werden daran teilnehmen.«

Nun kamen wir zu den schwierigen Details.

»Wir brauchen dringend die Sterbeurkunde meiner Schwester. Meine Eltern müssen zum Konsulat und ein Visum beantragen, und das bekommen sie nur mit einer Urkunde.«

Ich stellte zunächst eine Bestätigung von Sarahs Tod aus und kopierte den Leichenschauschein, den er stellvertretend nach Afrika senden konnte. Ich wusste, dass wir die Urkunden in diesem Fall nicht von einem zum anderen Tag bekommen würden.

»Sie müssen mit Sarahs Pass und Geburtsurkunde zum Standesamt, Jeremy. Familienstand und Staatsangehörigkeit Ihrer Schwester müssen dokumentiert vorliegen.«

Ich hätte mich gern mit Jeremy über die Bestattungskultur in seiner Heimat unterhalten. Aber ich spürte, dass der Bruder im Moment so wenig wie möglich über den Tod reden wollte. Ich war zudem eine fremde Person, die mit neugierigen Fragen nur bewiesen hätte, dass sie seine Trauer nicht nachempfinden konnte.

Meine Aufgabe war es, mich ausschließlich auf seine Belange und die Beerdigung seiner Schwester zu konzentrieren.

Aber ich dachte doch an jenen Sargbauer aus Ghana, der Särge in Form von bunten Zwiebeln, Hennen oder Luxuslimousinen herstellte und damit weltweit bekannt geworden war. Vielleicht würde Sarah einen solchen Sarg bekommen?

Es dauerte lange, bis die Visa für die Familie ausgestellt waren, und so war schon einige Zeit seit dem Tod der jungen Frau vergangen.

»Meine Eltern wollen Sarah vor der Beerdigung unbedingt noch einmal sehen«, sagte Jeremy. »Geht das?«

Ich versprach ihm, mich selbst über die körperliche Verfassung der Toten zu informieren.

»Bei uns zu Hause nimmt man immer Abschied am Sarg«, sagte Jeremy. »Aber wir haben uns lange nicht gesehen, und ich fürchte, meine Eltern könnten bei Sarahs Anblick erschrecken. Sie war zum Schluss so mager, richtig eingefallen.«

Ich versprach ihm – viel zu voreilig –, dass wir Sarah für den Abschied herrichten und zu starke Veränderungen der Haut mit einer Art Camouflage überdecken würden. Eine Präparation, wie man sie aus amerikanischen Filmen kennt, lehnte er ab. Ähnlich wie bei uns auch entsprach es nicht der afrikanischen Kultur, einen toten Menschen als einen Schlafenden darzustellen.

Als ich den Leichenschauschein aus dem Krankenhaus bekam, stellte ich fest, dass ein Abschied so, wie die Familie sich ihn vorgestellt hatte, unmöglich war.

Am Ende dieses Dokuments stehen nämlich zwei wichtige Fragen, die für die Vorbereitung einer Beerdigung entscheidend sind:

»Liegen Anhaltspunkte für eine Meldepflicht nach dem Bundes-Seuchengesetz vor?« und

»Besteht die Gefahr einer Krankheitsübertragung (Seuchengefahr)?«

In Sarahs Fall war bei beiden Fragen JA angekreuzt, und das bedeutete, dass der Sarg nicht mehr geöffnet werden durfte. Sarah hatte eine Form von Hepatitis gehabt, die im Verzeichnis der meldepflichtigen Krankheiten aufgeführt war.

Als ich den Leichenschauschein beim zuständigen Sozialamt vorlegte, zuckte der Sachbearbeiter schon beim Anblick des Papiers nervös zurück: »Haben Sie gelesen, was hier unten steht?«

Das Wort Seuchengefahr löste bei ihm wohl den Gedanken

an Pest und Cholera aus, und er sah vor seinem inneren Auge die Friedhofsangestellten und die Bestatterin in weißen Schutzanzügen. Er benahm sich, als könnte der Leichenschauschein allein schon ansteckend sein.

»Darf man denn da überhaupt eine Erdbestattung durchführen?«

»Natürlich. Wir haben die entsprechenden Maßnahmen getroffen.«

Als wir Sarah aus dem Krankenhaus abholten und in unseren Kühlraum brachten, lag sie in einer sterilen, durchsichtigen Hülle, die mit einem Reißverschluss verschlossen war.

Wir tränkten Tücher mit einem speziellen Desinfektionsmittel und bedeckten ihren Leichnam damit. Und wir kennzeichneten den Sarg, um dem Friedhofspersonal zu signalisieren, dass er verschlossen bleiben musste.

»In so einer Hülle möchte ich aber nicht liegen, wenn ich mal tot bin.« Nachdenklich sah mich mein Kollege Horst an, als er mir die Schachtel mit dem Haar und den Nägeln übergab.

Ich selbst hatte das Bedürfnis, den Reißverschluss um wenigstens einige Zentimeter zu öffnen, um Sarahs Gesicht zu »befreien«. Es erschien mir so lieblos, einen Menschen in eine Plastikhülle einzuschließen.

Erst dabei fiel mir auf, dass das Gesicht eines Toten immer bedeckt wird, und ich fragte mich, aus welchem Grund das wohl geschah. Vielleicht, um die genaue Trennung von Leben und Tod sichtbar zu machen?

In diesem Fall gab es strenge Richtlinien, und diese Hülle war aus hygienischen Gründen sehr wohl richtig und wichtig.

»Da bekomme ich allein vom Hinsehen schon Atemnot«, sagte ich. »Bleibt zu hoffen, dass es wirklich etwas Wesentliches gibt, das beim Tod aus dem Körper entweicht.«

Es ist für mich eine schreckliche Vorstellung, etwas Lebendiges, und sei es nur eine Form von Energie, zu begraben.

»Claudia, Sie machen sich da viel zu viele Gedanken«, beschwichtigte Horst. »Wenn wir tot sind, merken wir nichts mehr.«

Ich frage mich immer wieder, warum Menschen genau daran so fest glauben können.

»Ich bin mir da nicht so sicher. Könnte doch auch sein, dass wir alles merken. Wer weiß?«

Mit diesem Gedanken erschreckte ich ihn wohl mächtig, und er nahm Zuflucht zu Kalauern: »Sie meinen, wir schwirren als Geist von einer Zimmerdecke zur anderen? Das wäre nun wirklich filmreif.«

Er musste zum Friedhof und verabschiedete sich. Ich machte mich auf den Weg zum Bestattungsinstitut und ließ im Auto alle Fenster herunter. Ich hatte das unbedingte Bedürfnis, Sauerstoff in vollen Zügen zu inhalieren. Der Wind stürmte förmlich um mich herum.

Dicki sprang auf den Beifahrersitz, da er einen solchen Orkan im Auto noch nicht erlebt hatte.

Ich knetete sein Ohr mit leidenschaftlicher Heftigkeit: »Bevor wir in so einer Tüte landen, bleiben wir noch ein bisschen an der Luft, mein Alter.«

Ich hatte Sarahs Bild noch eine ganze Weile im Kopf. Obwohl ich sie nicht gekannt hatte, war ich mir ganz sicher, dass sie eine lebenslustige, mutige junge Frau gewesen war. Schließlich lebte und studierte sie weit entfernt von ihrer Heimat, und das zeugte von Abenteuerlust. Ihre ungebändigten Dreadlocks erinnerten mich an Musik, Tanz und ausgelassene Abende.

Ich wollte mit meiner Neuigkeit nicht bis zum Tag der Beerdigung warten, und so rief ich sofort den Bruder an.

»Jeremy, ich habe schlechte Nachrichten«, sagte ich bedauernd. »Sarahs Sarg darf nicht mehr geöffnet werden, weil sie an einer ansteckenden Krankheit gestorben ist.«

Jeremy war enttäuscht und betrübt. »Ich weiß nicht, wie ich das meiner Mutter klar machen soll; sie wird es nicht verstehen. Kann man nicht doch eine Ausnahme machen?«

»Ausgeschlossen, Jeremy. Wenn das Öffnen des Sarges auf Grund des Seuchengesetzes untersagt worden ist, gibt es keine Ausnahme.«

Ich musste trotz der Kennzeichnung des Sarges beim Friedhof noch einmal ganz streng und ausdrücklich darauf hinweisen, dass auf gar keinen Fall ein Abschied am offenen Sarg stattfinden durfte.

Ich ahnte nämlich, was passieren würde, und ich lag mit meiner Vorahnung richtig: Die Angehörigen gingen zwei Mal auf den Friedhof und flehten die Damen aus der Verwaltung an, den Sarg wenigstens für fünf Minuten zu öffnen.

»Seien Sie ganz beruhigt. Wir passen da auf«, sagte die Friedhofsangestellte. Sie schien ein Herz für das Thema zu haben und war nicht so sachlich und kühl, wie ich es sonst bei den Friedhofsbehörden gewohnt war. »Ich kann die Familie gut verstehen, gerade weil die Mutter ihr Kind auch lange nicht gesehen hat. Nach Ghana ist es ja kein Katzensprung. Eine tragische Sache.«

Sie selbst suchte gedanklich nach einem Ausweg oder einer Lösung, aber wir konnten nichts tun, auch nicht heimlich.

»Stellen Sie sich nur vor, die Mutter würde ihr Kind ein letztes Mal in den Arm nehmen … in Afrika ist die Berührungsangst mit dem Tod nicht so groß wie bei uns. Dafür kann keiner die Verantwortung übernehmen. So sehr man das menschlich auch bedauert.«

Am Tag der Beisetzung fand ich mich eine halbe Stunde früher auf dem Friedhof ein. Etwa zweihundert Menschen hatten sich bereits vor der Trauerkapelle versammelt.

Ich konnte Jeremy in der Menge nicht gleich finden. Es goss wie aus Kübeln, und der Organist stach durch sein lilafarbenes Regencape aus der Masse hervor.

»Ist schon klar, welche Stücke ich spielen soll?«, fragte er.

»Ich muss erst einmal Pfarrer Nomi finden«, antwortete ich.

Da sah ich Jeremy auf mich zukommen, gefolgt von einigen Freunden oder Verwandten. Alle redeten durcheinander auf mich ein:

»Die Mutter will Abschied nehmen. Sie müssen das bitte verstehen. In Afrika nehmen wir immer Abschied. Auch wenn Sarah nicht mehr so gut aussieht, wir sind das bei uns zu Hause gewohnt. Bitte verstehen Sie! Die Mutter kommt von sehr weit her!«

Ich konnte nur immer das Gleiche wiederholen: »Das Öffnen des Sarges wurde vom Arzt untersagt, nicht von mir. Es liegt nicht in meiner Hand. Es ist verboten.«

Die Mutter kam von zwei jungen Frauen gestützt aus dem Warteraum des Friedhofs. Sie lief gefasst und stolz an uns vorbei.

»Leider spreche ich ihre Sprache nicht. Bitte, Jeremy, sagen Sie Ihrer Mutter, dass es mir persönlich sehr Leid tut.«

Der Organist sprang in seinem Regencape auf mich zu: »Der Pfarrer ist da, Frau Marschner!«

»Ziehen Sie doch mal dieses Regencape aus, Sie sehen ja aus wie Rumpelstilzchen.«

»Nein, ich will mir keine Erkältung holen. Sie sehen doch, wie das schüttet.«

»Niemand sonst hat so ein lila Plastikding an. Glauben Sie, die anderen wollen sich alle erkälten?«

Ich ließ bloß meinen Frust an ihm aus, denn im Grunde fand ich ihn ganz lustig in seinem Outfit, und er störte mit seiner Plastikzipfelmütze am Cape keinen der Trauergäste.

Es ärgerte mich, dass ich keine Möglichkeit hatte, das Problem des Abschieds befriedigend zu lösen. Ich mochte mich nicht in der Rolle der strengen Bestatterin, die einen Wunsch strikt ablehnen musste. Lieber hätte ich die Mutter freundlich begrüßt und zum Abschiedsraum begleitet, aber das konnte ich vergessen. Die Familie war sauer auf mich, da ich das Sprachrohr des Gesetzes war und damit unmenschlich und unbarmherzig.

Ich ging zu den Friedhofsträgern und bat darum, den Sarg schon nach oben in die Kapelle zu befördern, damit die Gäste nicht weiter im Regen stehen mussten.

Das Podest für den Sarg war mit einem großen schwarzen Samttuch bedeckt. Einer der Träger warf es ab und drückte einen Knopf an der Wand. Das Podest war mit einem Aufzug verbunden, und eine Falltür öffnete sich langsam. Unten im Kellergeschoss wurde der Sarg in den Aufzug geschoben. Als er oben in der Kapelle angekommen war, schloss sich die Falltür und bildete den Boden für das Podest.

Wir hoben den Sarg an und legten das Samttuch darunter. Diese Szene erinnerte mich jedes Mal an einen Edgar-Wallace-Film. »Kontrollieren Sie bitte, dass die Falltür sicher verriegelt ist und der Sarg nicht wieder nach unten fährt. So eine Panne brauche ich nun wirklich nicht«, sagte ich zum Chef der Trägertruppe.

»Aber, aber, Frau Marschner«, lachte er. »Ein bisschen mehr Vertrauen in unsere Arbeit, wenn ich bitten darf!«

Aber vorsichtshalber kontrollierte er die Verriegelung doch noch einmal.

Wir ließen die Gäste herein, und in kürzester Zeit war die große Kapelle mit Menschen gefüllt. Hunderte von Blumengestecken und Sträußen wurden an den Sarg gelegt. Die Trauerflore und Gedenkschleifen sahen aus der Ferne aus wie Fahnen, die den Boden bedeckten. Auf dem Podest war ein Foto von Sarah aufgestellt. Wie lebenslustig sie aussah! Ihr Porträt strahlte jeden in der Kapelle mit einem offenen Lachen an.

Ein junger Mann hatte eine Kamera auf der Schulter und filmte die Trauerfeier. Viele der Gäste fotografierten den Sarg in seinem Blumenmeer. Alle waren auffallend schick gekleidet. Was mich wunderte, war, dass alle in Schwarz gekommen waren; ich hatte geglaubt, dass in Afrika eher sonnige und helle Farben zur Trauertradition gehören. Die Frauen lockerten das Schwarz mit gelben oder roten Tüchern auf, und ihre interessanten geflochtenen und geschwungenen Frisuren glichen die Düsterkeit der dunklen Kleidung wieder aus. Die Gesellschaft erinnerte mich tatsächlich an eine Galaveranstaltung.

Pfarrer Nomi kam sehr gelassen einige Minuten vor Beginn der Zeremonie und sprach die Musik mit dem Organisten ab. Ich hörte ihn dabei lachen: »Nein, nein, wir spielen nicht *Amazing Grace*.«

Er sang ihm kurz ein Lied vor, und der Organist erkannte es sofort.

»Okay, wenn Sie aus der Kapelle gehen, werde ich eine Wiederholungsschleife spielen, bis alle draußen sind.«

Als die Zeremonie begann, ging ich hinaus, schloss die Türen hinter mir und legte den Trägern ans Herz, am Grab auf ihr »So Gott will« zu verzichten.

Der Friedhofsverwalter hopste wie ein Irrer um zwei große Limousinen herum, die, gesteuert von zwei älteren schwarzen Damen, eben vor der Kapelle vorgefahren waren.

Sie wollten an Ort und Stelle parken, und ich wartete amüsiert ab, was geschehen würde. Mir gefiel die Unbefangenheit, mit der sie durch den Friedhof gekurvt waren, aber den Friedhofsverwalter trieben sie damit fast zu einem Herzinfarkt.

Hier prallten zwei verschiedene Kulturen aufeinander. Während es in unseren Breitengraden als respektlos gilt, während einer Trauerzeremonie motorisiert über den Friedhof zu knattern (so steht es auch im Bestattungsgesetz), ist es wahrscheinlich in Afrika, ähnlich wie in Amerika, ganz normal, ein Auto in der Nähe der Kapelle zu parken.

»Das ist ja ein Ding. Fahren die einfach auf den Friedhof. Das hat doch die Welt noch nicht gesehen. Sind wir hier vielleicht im Busch?« Einer der Träger zog kräftig an seiner Zigarette und spielte den ganz Würdevollen.

»Im Bestattungsgesetz steht auch, dass es auf einem Friedhof und während einer Zeremonie als respektlos gilt zu rauchen. Die beiden Damen fahren Auto, rauchen aber nicht, und Sie rauchen, fahren aber nicht Auto. Was regen Sie sich also auf? Wenn ihr mit euren Friedhofsbaggern über den Friedhof donnert, kümmert es euch auch nicht, wenn irgendwo eine Grabrede gehalten wird. Oder?«

Der Friedhofsträger hätte mir am liebsten eine geknallt, aber seine fünf Kollegen schmunzelten, zumal sie auch noch ihren Chef hilflos herumhüpfen sahen.

Unbekümmert stiegen die beiden eleganten Damen aus den Autos.

»Is there a problem?« Mit tiefer Stimme und einem netten Akzent wandte sich eine der beiden an mich. Sie trugen sehr schicke cremefarbene Kostüme, die durch einen schwarzen Kragen dem traurigen Anlass angepasst waren. Ihre Frisuren waren aufwändig wie für einen großen Anlass gestylt, und sie gaben mit ihrer festlichen Erscheinung einen scharfen Kontrast zum Friedhofspersonal ab. Der Verwalter hatte einen ziemlich schäbigen Anzug an, und seine Arbeitsschuhe hatten schon lange keine Pflege mehr bekommen. Er empfand den Gegensatz selbst, und das wurmte ihn zusätzlich.

»No problem!« Ich öffnete den beiden die Tür zur Kapelle.

»No problem!« Wütend äffte mich der Verwalter nach. »Werden Sie den neuen Rasen anlegen, Frau Marschner?«

Er war total sauer, weil die beiden Damen seine Autorität untergraben hatten und er sein Terrain nicht erfolgreich hatte verteidigen können. Normalerweise saß er am längeren Hebel, aber jetzt war ihm der Hebel einfach abgesägt worden.

Ich versuchte ihn zu beruhigen: »Nehmen Sie es doch einfach von der komischen Seite. Ich hätte so etwas auch nicht für möglich gehalten. Gäste, die kühn mit dem Auto durch den Friedhof brausen, habe ich noch nie erlebt.«

Während die Zeremonie abgehalten wurde, ging ich auf dem Friedhof spazieren. Es nieselte nur noch, und ein angenehmer Duft nach Tannen und feuchter Erde breitete sich aus. Durch den starken Regen waren viele Gestecke und Blumen auf den Gräbern abgeknickt oder kaputtgegangen und die Schleifen an Blumengebinden schmutzig geworden und nicht mehr lesbar.

Viele der Gräber sahen sehr ungepflegt aus, und verdorrte Pflanzen verrieten, dass sie lange nicht mehr besucht worden waren.

Ich landete vor der monumentalen Grabstätte einer Familie Oberstudienrat Sowieso. Die Inschrift auf der riesigen Wandtafel war völlig von Efeu überwuchert und nicht mehr zu entziffern. Die steinernen Engel hatten schon Nasen und Flügel verloren. Ein rostiges Gitter umschloss das Grab wie einen heiligen Garten. Im Lauf der Jahre waren hier vier Mitglieder einer Familie beerdigt worden. Das Grab musste aus den vierziger oder fünfziger Jahren stammen. Ich konnte nur noch das letzte Sterbejahr erkennen, 1954. Der Baum, der einst darauf gepflanzt worden war, wuchs weit über die Friedhofsmauer hinaus und sprengte mit seinen dicken Wurzeln die Bodenplatten.

Wer dieses Grabmal errichten ließ, hatte wohl ein ewiges Gedenken im Sinn, und nun stand es da wie ein Mahnmal der Vergänglichkeit, und die passende Inschrift wäre gewesen: *Vergessen*.

Die Trauerzeremonie für Sarah ging dem Ende zu, und ich lief zurück zur Kapelle, um beim Transport der vielen Blumen und Gestecke behilflich zu sein.

Während die Trauergemeinde, angeführt durch Pfarrer Nomi, dem Sarg folgte, legten wir die Blumengestecke auf drei große Kranzwagen, und selbst die boten nicht genug Platz.

»So 'ne große Sozialfeier habe ich ja noch nie erlebt, Frau Marschner«, sagte die Friedhofsangestellte, die den Boden der Kapelle fegte.

Sie hatte Recht. Im Allgemeinen gibt es bei Trauerfeiern, die vom Sozialamt bezahlt werden, nur wenig Trauergäste und kaum Blumen.

Ich dachte an die verlassene Familiengrabstätte des Oberstudienrates und fand es sehr traurig, dass eben irgendwann niemand mehr da ist, der sich um ein Grab kümmern könnte oder möchte.

Hoffentlich war ich nicht die Letzte, die ging. Mir fiel der Spruch ein: »Den Letzten beißen die Hunde.« Trübsinn erfasste mich bei der Vorstellung, dass alle Freunde vor mir gestorben wären und keiner mehr zu meiner Beerdigung kommen würde. Aber schließlich, so sagte ich mir, lernt man ja immer wieder neue Menschen kennen.

Sarah musste sehr beliebt gewesen sein, sonst wären nicht so viele Menschen gekommen. Ich dachte an die weise Frage der Indianer: »Wenn du heute sterben müsstest – wie viele Menschen hättest du dann glücklich gemacht?«

Darauf kam es letztlich an; das schien tatsächlich der Schlüssel für ein schönes Leben zu sein, und davon hing es ab, ob die Trauerkapelle voll war, egal, ob der Sarg nun teuer war oder vom Sozialamt bezahlt.

Das Bild wird erkennbar

Weil es niemanden gab, der mir etwas über das Leben meiner Mutter hätte erzählen können, musste ich selbst aus winzigen Teilchen ein schwieriges Puzzle zusammensetzen. Als Kind hatte ich leidenschaftlich gern Puzzles gelegt. Ich fing dabei immer mit dem Rand an und sortierte die übrigen Teile nach Farben oder sonstigen Besonderheiten in Häufchen. Diese Häufchen ordnete ich wenigstens ungefähr bestimmten Stellen des Bildes zu. Dann fügte ich die Teile vom Rand aus zusammen und arbeitete mich nach innen vor. Und ich empfand eine ungeheure Befriedigung, wenn das Bild allmählich erkennbar wurde.

Daran fühlte ich mich jetzt beim Versuch, das Leben meiner Mutter aus Bruchstücken zusammenzusetzen, deutlich erinnert. Ich drang langsam nach innen vor.

Alte Fotos waren mir dabei eine wichtige Hilfe.

Die Familienbilder von Mama mit ihren Eltern waren recht aufschlussreich, wenn man sie genau betrachtete. Mir fiel zum Beispiel auf, dass Oma immer das Bild beherrschte; sie blickte selbstbewusst in die Kamera. Opa dagegen wandte sich meist dem Kind zu und schaute es liebevoll an. Ich spekulierte gern darüber, wie Mamas Leben wohl verlaufen wäre, wenn Oma früh gestorben und Opa am Leben geblieben wäre.

So aber lebte sie unter Omas strenger Kontrolle und wurde ihre ständige Begleiterin. Oma nahm sie zu ihren geliebten Tanztees mit, zu ihren Spaziergängen und ins Café.

In einem Café hat sie auch Papa kennen gelernt. Das hat uns Oma einmal erzählt.

Papa hätte ihre Rettung werden können.

Er kam im Café einfach auf sie zu, sprach sie an und lud beide zu einem Drink ein. Er hatte keine Angst vor Oma, und diese Kühnheit erschreckte Mama, aber sie imponierte ihr natürlich auch. Der junge Mann war unterhaltsam und brachte bald ein Gespräch in Gang.

Aber als er sich irgendwann kurz entschuldigte, verließen Mutter und Tochter fluchtartig das Café und hasteten zur Bushaltestelle. Doch sie hatten ihn unterschätzt. Er erwischte die beiden noch, bevor der Bus kam.

Auf den Hochzeitsbildern sieht er aus wie die Berliner Ausgabe von Steve McQueen. Er gefiel meiner Mutter damals sehr, weil er unabhängig war und genau wusste, was er wollte. An seiner Seite, so hoffte sie, würde ihr Leben farbiger und abenteuerlicher werden.

Papa hätte Mama gern aus dem Einfluss von Oma befreit, aber ich kann mir gut vorstellen, dass Oma mit harten Bandagen kämpfte. Sie hatte ihren Mann verloren und wollte wenigstens ihre Tochter behalten.

Wir haben von Oma nie etwas Gutes über Papa gehört – und von Mama nie etwas Schlechtes. Oma betonte immer, er sei ein Hallodri, auf den man sich nicht verlassen könne, der Typ Mann eben, mit dem man nur Ärger hatte. Und als er Mama und uns im Stich gelassen hatte, wies sie stets mit unverhüllter Genugtuung darauf hin, dass sie nichts anderes erwartet hätte.

Kein Wunder, dass wir unseren Vater, den wir kaum kannten, verabscheuten.

Mama dagegen liebte ihn. Er brachte sie zum Lachen, sie fand ihn amüsant und war glücklich, jedenfalls eine Zeit lang. Aber es gelang ihr nicht, sich von Oma zu lösen. Sie war zu weich, und Oma war eine Gegnerin, der sie nicht gewachsen war.

So kam es, wie es in Mamas Leben immer kommen musste: Sie hatte nicht die Kraft, die richtige Entscheidung zu treffen, und stand am Ende als Verliererin da.

Meine geliebte Oma. Ich liebe alles an ihr, sogar das grobe Taschentuch, mit dem sie mir immer den Schmutz vom Gesicht putzte. Mit welcher Geduld hatte sie mir das Schuhebinden beigebracht! Wenn wir uns wehgetan hatten, war sie immer mit Pflaster zur Stelle. Freilich, besonders zärtlich war sie nicht, und sie konnte es nicht leiden, wenn man jammerte. »Stell dich nicht so an!«, war ein oft gehörter Kommentar.

Sabine litt unter ihr, aber mir war ihre barsche Art gerade recht. Sie war meine toughe Oma, ein starker Schutz vor der Welt. Und weil ich ihr ähnlich bin, musste ich mich nicht qualvoll von ihr abnabeln, als es an der Zeit war.

Es gibt keine falsche Erziehung, es gibt nur falsche Kinder. Mama war für Oma das falsche Kind, ich war das richtige.

Wenn ich die Puzzleteile von Mamas Leben in die richtige Ordnung bringen will, muss ich objektiv sein. Und ich muss zugeben, dass die geliebte Oma gnadenlos egoistisch sein konnte und der verabscheute Vater auch Vorzüge hatte. Wer weiß, vielleicht wäre er unter günstigen Umständen ein liebevoller, lustiger Kamerad für seine Kinder gewesen. Wer weiß …

Ich kann mir nicht vorstellen, jemals ein Kind zu haben. An der Schwangerschaft könnte ich noch viel Spaß haben, aber was mich schreckt, ist der Gedanke, dass mit der Geburt das Kind von mir getrennt wird.

Trennung von der Mutter – das wäre für mich der Spiegel meiner eigenen Kindheit. Erst gab Mama uns zu Oma, und wir erlebten nie die innige Gemeinsamkeit von Mutter und Kind. Später, als sie uns zu sich holte, wandte ich mich rebellisch von ihr ab. Und schließlich folgte die letzte, traumatische Trennung, als Mama sich umbrachte.

Ich glaube jetzt zu wissen, warum sie es in meinem Zimmer tat. Dass ich mich innerlich von ihr getrennt hatte, hat sie sicher geschmerzt. Aber sie hatte nicht das Talent, die Kluft zwischen uns zu überbrücken. So wollte sie wenigstens dafür sorgen, dass ich sie nicht vergaß.

Das hat sie erreicht. Sie wurde meine Heldin, und ich ging schwer bewaffnet durchs Leben, immer bereit, alles aus dem Weg zu räumen, was mich an meine Kindheit erinnern und Mamas Denkmal beschädigen konnte.

Ich schoss und knallte mich durchs Leben, um endlich unabhängig und frei sein zu können. Die alten Geister wurden mit ausgeklügelten Sprengsätzen in die Luft gejagt, aber sie kamen immer und immer wieder, und eines Tages merkte ich, dass ich nicht in meine Unabhängigkeit gelaufen war, sondern ins Leere. Alle waren aus dem Weg geräumt, nur die alten Geister ließen sich nicht beirren und blieben mir treu.

Mamas Tod bewirkte, dass der Zeiger der Uhr stehen blieb. Sie schaffte es, siebenunddreißig zu bleiben. Ich war so fixiert auf ihre stehende Uhr, dass ich meine eigene nicht mehr laufen sah oder ticken hörte.

Erst Jürgen hat mich auf meine Lebensuhr aufmerksam gemacht, und auf seiner Beerdigung hörte ich zum ersten Mal ihr Ticken wieder. Die Barrikaden, die ich um mich aufgebaut hatte, schützten mich zwar vor der Welt, engten mich gleichzeitig aber auch ein wie eine Gefängnismauer. In diesem Gefängnis waren die Gespenster der Vergangenheit meine Wärter.

»Deine Mutter ist mehr als die Summe ihrer Fehler. Wenn du es nicht angehst, wirst du keine Abenteuer in Marokko oder Nizza genießen können.«

Diese Erkenntnis hatte mich wie ein Blitz getroffen. Wer wollte nach Nizza, Marokko oder Australien und sich schon im Flugzeug mit alten Geistern herumschlagen?

Ich musste fünfunddreißig werden, um mich selbst in den drei Affen meiner Wandbemalung wiederzuerkennen. Es war so zum Lachen, weil ich damals noch gesagt hatte: »Unter die Affen schreiben wir genau das Gegenteil, damit es auch wirklich jeder versteht: SEHEN – HÖREN – REDEN.«

Als Kind hatte ich gern im Nähkasten meiner Mutter gekramt und dort Ordnung geschaffen. Ich entwirrte die verknäulten Fäden und wickelte die Garnrollen säuberlich auf. Fäden entwirren, die Puzzle-Stücke an den richtigen Platz legen: Es war im Grund die gleiche Leidenschaft, und sie hatte mich jetzt das Grundmuster im Leben meiner Mutter erkennen lassen.

In fremden Schicksalen sieht man klarer als im eigenen.

Ich war tief hinabgetaucht in die Vergangenheit und hatte den Schmerz entdeckt, der das Leben meiner Mutter geprägt hat: dass der geliebte Vater ohne Abschied aus ihrem Leben verschwunden war.

Ich glaubte jetzt auch zu wissen, warum Mama keinen Abschiedsbrief geschrieben hat: Sie wusste nicht, wie man Abschied nimmt. Wahrscheinlich befürchtete sie, wir würden kein Wort glauben. Und wahrscheinlich hoffte sie, wir würden tief genug in ihrem Leben schürfen, um ihr schließlich gerecht zu werden. Sie war immer das Kind ihres Vaters geblieben, das die Trennung nicht verwinden konnte.

Und wir waren Kinder unserer Mutter geblieben und hatten die Trennung von ihr nicht verwinden können. Ich hatte nie ein normales Verhältnis zu ihr gewinnen können, hatte geschwankt zwischen Hass und Heldenverehrung. Jetzt endlich konnte ich in ihr den Menschen sehen, der mehr war als die Summe seiner Fehler.

Und ich konnte meine Festungsmauern schleifen und meine Waffen niederlegen. Aber was ist, wenn ich jetzt die alten Geister vermisse? Sie haben mich gequält, aber sie haben mich auch stark gemacht.

Andererseits: Muss ich unbedingt so stark sein?

Kann ich mir nicht ein Beispiel nehmen an den Mönchen im Buddhistischen Haus, die keine Schlösser und Riegel haben, keine Rüstung und keine Waffen?

Ich brauche jetzt keine Waffen mehr, ich muss nichts und

niemanden mehr verteidigen. Ich kann meine Mutter lieben, wie sie war, und ich wünsche mir keine andere. Sie wird mich noch eine Weile begleiten und halten, so wie sie mich am Sattel gehalten hat, als ich Rad fahren lernte. Dann wird sie mich loslassen.

Ich wünsche mir auch kein anderes Schicksal.

Ich fühle mich erleichtert und befreit. Und wer weiß, vielleicht buche ich bald einen Flug nach Marokko. Erlöst von den alten Geistern, bin ich offen für alle Abenteuer des Lebens.

»Der Grund dafür, daß Bergsteiger sich nicht abschrecken lassen, scheint mir darin zu liegen, daß sie aus jeder Tragödie, die sich ereignet, ihre Lehren zu ziehen versuchen. Aber die wirkliche, letztgültige Lehre ist eigentlich, daß die Natur sich eben nicht kontrollieren läßt. Und für diese Erkenntnis, auf welch schmerzliche Art ich sie auch lernen mußte, bin ich dankbar.«
Lene Gammelgaard

Scott Fischers tragische Mount-Everest-Expedition im Frühjahr 1996 sorgte weltweit für riesiges Aufsehen. Sie geriet beim Abstieg in einen wütenden Sturm, in dem insgesamt acht Bergsteiger starben. Die Dänin Lene Gammelgaard erlebte die schreckliche Tragödie am eigenen Leibe. Voller Abenteuergeist war sie aufgebrochen, um ihre Kräfte am höchsten Gipfel der Welt zu testen. Doch hatte sie kaum geahnt, daß sie ganz oben, in der sogenannten Todeszone, tatsächlich alleine stehen würde: Hilflos mußte sie zusehen, wie einige Gefährten starben – darunter auch der Bergführer, ihr Freund Scott Fischer.

Lene Gammelgaard

Die letzte Herausforderung
Wie ich die Tragödie am
Mount Everest überlebte

Mit zahlreichen Abbildungen

Deutsche Erstausgabe

List   GRANDE

*Der packende Bericht einer
außergewöhnlichen Frau,
die durch schiere Willenskraft
den Gipfel der Welt bezwang.*

Econ | ULLSTEIN | List